¿Cómo piensan los bebés?

**100 experimentos psicológicos
para comprender mejor a nuestro bebé**

Grupo ROBIN BOOK

Barcelona - México
Buenos Aires

¿Cómo piensan los bebés?

100 experimentos psicológicos para comprender mejor a nuestro bebé

Serge Ciccotti

Traducción de Carme Geronès

bebé

ROBIN BOOK

nuevos padres

Título original: *100 Petites expériences de psychologie pour mieux comprendre votre bébé*

© 2006, Dunod, Paris

© 2008, Ediciones Robinbook, s. l., Barcelona

Diseño de cubierta: Paco Murcia
Imagen de cubierta: ©iStockphoto.com/Jaroslaw Wojcik
Diseño de interior: Paco Murcia
ISBN: 978-84-7927-929-5
Depósito legal: B-28.244-2008

Impreso por Limpergraf, Mogoda, 29-31 (Can Salvatella), 08210 Barberà del Vallès

Impreso en España - *Printed in Spain*

Sumario

Para Louenn, Lorella y Leïlou, aún bebés
no hace tanto tiempo…

Agradecimientos

Quisiera expresar mi inmensa gratitud a mis editores, Marie-Laure Davezac-Duhem y Jean Henriet, con quienes he trabajado desde el primer momento muy a gusto y que me han manifestado, además, su confianza.

Doy asimismo las gracias a Maryvonne Vitry, responsable de derechos en el extranjero, por su rapidez a la hora de valorar mi trabajo, y también a Laurent Audouin por sus divertidas ilustraciones.

Finalmente, mi agradecimiento a mi clan familiar y a mis amigos, pues soy consciente de que les pertenece mucha parte del tiempo que he consagrado a este libro. Gracias a todos por su estímulo y consideración, sin los cuales el proyecto no habría llegado a buen puerto.

Prólogo

¿Qué es un bebé? ¿Un placer para dos y una molestia para el resto? ¿O será al revés?

¿Qué sabemos del bebé? Pues que son aproximadamente cincuenta centímetros de gluglú, gesticulaciones y berreos equipados con un aspirador de leche y una alarma automática para regular su provisión, como decía un autor desconocido...

En realidad, sabemos muchas cosas del bebé. Por otra parte, ¿no es cierto que en cuanto una mujer queda embarazada todo el mundo le da consejos de todo tipo sobre la psicología del hijo que va a alumbrar? Además, al ser un tema tan apasionante, se ha dedicado un gran número de revistas, libros y webs a nuestros angelitos. Ahora bien, ¿son siempre fiables estas informaciones?

Con todo, hace ya muchos años que la psicología del desarrollo no cesa de descubrir detalles sobre las capacidades precoces de los lactantes, tanto en el campo de la percepción como en el de las emociones o del comportamiento.

Queda, sin embargo, mucho por descubrir sobre la psicología del bebé y este libro no pretende ser exhaustivo. Su objetivo es más bien el de presentar los descubrimientos científicos más recientes llevados a cabo con los bebés antes y después del nacimiento, desvelando al mismo tiempo el método utilizado por estos hábiles investigadores. A lo largo de las páginas del libro descubriremos que los científicos han conseguido sacar a la luz nuevas aptitudes del lactante, incluso en el interior del útero. La obra nos permitirá dar los primeros pasos para combatir determinados tópicos y ayudar a los futuros padres a observar mejor a su hijo y a comunicarse de otra forma con él.

Parte *1*

La actitud de los padres frente al bebé

Resumen

1 ¿Tenemos ideas preconcebidas sobre el bebé?
Los estereotipos de los adultos respecto a éste

¿Qué es para los psicólogos un *estereotipo*? Es una creencia relacionada con las características de los miembros de una categoría, de un grupo (los bebés, las mujeres, los rubios, los negros, los blancos, los banqueros, los estudiantes, los belgas, los guapos, los feos, etc.), que se generaliza para aplicarse al conjunto del grupo. Hay quien imagina, por ejemplo, que todos los suecos son altos, rubios y con ojos azules o que todos los andaluces son graciosos y les gusta el flamenco. El estereotipo tiene una utilidad: sirve para simplificar nuestro entorno.[1]

Nuestros estereotipos sobre el sexo del bebé

Los estereotipos sobre el sexo pueden llevarnos a pensar que los hombres son dominantes, racionales y egocéntricos, y que las mujeres son cariñosas, emotivas y se vuelcan hacia el prójimo. Todos tenemos estereotipos en cuanto al sexo; así pues, si nos dicen que el bebé que tenemos delante es un niño, ¿influirá en nuestro juicio respecto a él?

---

1. Gracias a él recopilamos (de forma no consciente) «pequeños paquetes» de información. Ello tiene como consecuencia la minimización del parecido entre los individuos que pertenecen al mismo grupo y la exageración de las diferencias entre las personas de grupos distintos.

Dos investigadores (Condry y Condry, 1976) pidieron a unos adultos que visionaran un cortometraje en el que un bebé de nueve meses estaba sentado y dispuesto a divertirse con distintos juguetes.

Los investigadores preguntaron a la mitad de los participantes: «¿Podría valorar el comportamiento de esta niña?».

La pregunta formulada a la otra mitad era la siguiente: «¿Podría valorar el comportamiento de este niño?».

Evidentemente, en los dos casos se trataba del mismo corto...

Cuando se analizaron los resultado, se descubrió que las personas valoraban de forma distinta la conducta del bebé según creyeran observar a un niño o a una niña: aquellos a los que se había dicho que se trataba de un niño describían al bebé como más activo y le atribuían más placer, más irritabilidad y menos miedo que los que creían juzgar a una niña.

Nuestros estereotipos en el medio social del bebé

Es probable que si sabemos previamente que el bebé que vamos a ver por primera vez procede de un medio acomodado esta información nos influya.

Es lo que demostraron Darley y Gross (1983), que pasaron a una serie de participantes un corto en el que se veía a una niña en su entorno social:

— para la mitad de los espectadores, el corto presentaba a la niña en un medio social acomodado (escuela moderna, habitación con todas las comodidades);

> – para la otra mitad, se trataba de un entorno más desfavo-
> recido (escuela deteriorada, barrio poco atractivo).
>
> Seguidamente, los investigadores proyectaron una segunda pe-
> lícula, en este caso idéntica para todos los participantes. La niña
> se disponía a llevar a cabo una tarea y resultaba difícil saber si le
> saldría mal o bien.
> El trabajo de los espectadores consistía en valorar la actua-
> ción de la niña.
> Los investigadores observaron lo siguiente: a quienes habían
> visto antes a la niña en un medio acomodado les pareció brillan-
> te, mientras que los otros, por el contrario, la consideraron poco
> capacitada. Sin embargo, se trataba de la misma niña.

Los estereotipos son el resultado de un proceso de *cate-
gorización* que nos permite simplificar a los que nos rodean. Son, pues, muy útiles, ya que sin ellos quedaríamos sepul-
tados bajo una masa de información inconexa e inutilizable.
Por ejemplo, es más fácil decir que Bruno es un «auténtico sevillano» que: a Bruno le gusta el flamenco y bailar se-
villanas, el *pescaíto* frito, es miembro de una cofradía, tiene
un acento andaluz, es exagerado y seguidor del Betis o del
Sevilla.

Pero ¿hay que confiar siempre en los estereotipos? Algunos psicólogos afirman que éstos pueden contener un fondo
de verdad (Leyens, Yzerbyt y Schadron, 1994). El problema
estriba en la generalización de este fondo de verdad hacia el
conjunto de los miembros de un grupo al que pertenece la
persona a la que juzgamos.

Serge Ciccotti

Conclusión

Recurrimos a los estereotipos cuando juzgamos a los adultos, pero determinados estudios ponen de manifiesto que también lo hacemos cuando valoramos a un bebé. Activamos estereotipos sobre el entorno social de éste, pero también sobre su sexo.

Quien quiera comprobarlo puede hacer lo siguiente: pasearse con su bebé de seis meses después de haberle puesto un lacito en el pelo; existen muchas posibilidades de que las personas con las que se cruce en el supermercado crean que es una niña y de pronto les parezca muy formal, dulce, sensible y, tal vez, incluso pizpireta. En cambio bastará con que le vistan de azul con un peto y vuelvan al día siguiente al mismo lugar para oír: «¡Qué machote!». O bien: «Éste sabe lo que quiere, se le ve muy activo, queda claro que es un niño, a punto ya de explorar el mundo».

Para saber más

LEYENS, J.-D.; YZERBYT, V.; SCHADRON, G.: *Stereotypes and Social Cognition,* Londres, Sage Publications, 1994.

DARLEY, J.M.; GROSS, P.H.: «A Hypothesis-Confirming Bias in Labelling Effet», en *Journal of Personality and Social Psychology,* 44, 20-33, 1983.

CONDRY, J.; CONDRY, S.: «Sex Differences: A Study of the Eyes of the Beholder», en *Child Development,* 47, 812-819, 1976.

2 ¿Es cierto que a los padres les gusta que el bebé se parezca a ellos?
Influencia del parecido del bebé en el comportamiento de los adultos

¿Es cierto que a los padres les importa que su bebé se parezca a ellos? ¿O lo consideran un detalle insignificante? Dicho de otra forma, ¿creemos que la frase: «¡Es igualito a su padre!» halaga realmente al padre?

En un estudio, Platek y sus colegas (2002) mostraron fotos de bebés a una serie de adultos, hombres y mujeres. A la mitad les enseñaron unas fotos que eran el resultado de una fusión entre su propio rostro (algo de lo que no estaban al corriente, por supuesto) y el de un bebé al que no conocían. Para el experimento el investigador tuvo que fotografiar antes, con un pretexto engañoso, a cada uno de los participantes. Se hizo seguidamente la fusión por medio de un programa informático de morphing. La foto contenía entre un 25% y un 50% de características comunes.

Los investigadores mostraron a la otra mitad de los participantes una foto de un bebé, pero en esta ocasión no guardaba similitud alguna con ellos.

Platek pidió a todos los adultos que observaran a los bebés y respondieran a preguntas de este tipo: «¿cuál es el bebé que le parece más atractivo?», «¿con cuál de estos bebés pasaría más tiempo?», «si estos niños estropearan algo que tiene una gran importancia para usted, ¿con cuál se enfadaría menos?», «¿por cuál de ellos se gastaría 50 dólares?», «si tuviera que adoptar a uno, ¿cuál sería?».

Al observar los resultados, los investigadores quedaron sorprendidos con lo siguiente: sólo los hombres parecían dar importancia a la similitud. Platek y sus colegas constataron, en efecto, que al contrario de las mujeres, los hombres a los que se mostraron las fotos de los bebés con el rostro fusionado con el suyo propio consideraban más atractivos estos niños y se preocupaban más por el bienestar de éstos que por el de los bebés que no se les parecían en nada.

Conclusión

Sabemos que las personas tienen más tendencia a ayudar a las que se parecen a ellas que a las que no.[1]

Pero ¿por qué esta sensibilidad afecta sólo a los hombres? Los psicólogos creen que a las mujeres no les inquieta tanto como a los hombres saber si el pequeño es realmente suyo. Así pues, no tienen necesidad de crear unos sólidos procesos de identificación para reconocer su progenitura, mientras que vemos que el parecido es uno de los pocos medios de los que dispone el hombre para ratificar su paternidad.

---

1. Ver S. Ciccotti, *150 petites expériences de psychologie pour mieux comprendre nos semblables*, París, Dunod, 2004, p. 106. La identificación del parecido podría haber servido a nuestros antepasados para ayudar más a sus padres que al resto en los primeros grupos sociales. Determinados estudios han demostrado que ciertos animales, como algunas ardillas, también se vuelcan más en quienes se parecen más a sí mismos. Otros animales (zambos, hámsters, macacos) parecen poder identificar a sus padres comparando su propio olor con el de ellos.

Finalmente, evitemos bromear con algún padre con frases como: «¿Estás seguro de que es hijo tuyo? ¡No se parece en nada a ti!». Es probable que esta broma pesada fastidie al padre mucho más de lo que imaginamos.

Para saber más

PLATEK, S.M.; BURCH, R.L.; PANYAVIN, I.S.; WASSERMAN, B.H.; GALLUP, G.G.: «Reactions to Children's Faces: Resemblance Affects Males More than Females», en *Evolution and Human Behavior,* 23, 159-166, 2002.
DEBRUINE, L.M.: «Facial Resemblance Enhances Trust», en *Proceedings of the Royal Society of London,* 269, 1307-1312, 2002.

3 ¿Seríamos capaces de reconocer a nuestro recién nacido si nos lo cambiaran una hora después del parto?
El reconocimiento del bebé por la madre en el período posparto

A veces oímos decir que la peor pesadilla de una parturienta sería que en la nursería le cambiaran a su bebé por otro sin que se diera cuenta de ello. ¿Es éste nuestro temor? ¿Dudamos de nuestra capacidad para reconocer a nuestro bebé?

Si es así, las experiencias que presentamos a continuación deberían tranquilizarnos.

En un estudio, los investigadores se interesaron por la capacidad de los padres a la hora de identificar a su propio bebé a través de la única base del contacto físico. Tuvieron la idea de vendar los ojos a una serie de jóvenes madres y presentarles a tres recién nacidos, cada uno en su pequeña cuna. Los investigadores llevaron a las madres hacia los pequeños y fueron guiándolas de forma que simplemente tocaran el dorso de la mano del bebé o su mejilla. Tenían que decir entonces cuál de los tres lactantes era el suyo (Kaitz, Lapidot, Bronner y Eidelman, 1992).

Los resultados demostraron el 79% de las jóvenes madres era capaz de identificar a su bebé. Sin embargo, madres e hijos sólo habían estado juntos entre uno y tres días, es decir, el contacto se reducía a unas ocho horas de lactancia. Por otra parte, el análisis estadístico demostró que la relación entre el número de horas que habían pasado juntos no constituía un factor importante: una madre que había pasado tan sólo una hora con su bebé después del parto fue capaz de reconocer a su pequeño.

La identificación, basada en simples selecciones táctiles, demostró que las mujeres poseen una capacidad excepcional para reconocer a sus bebés mediante el simple contacto, habilidad que se adquiere, sin que uno se dé cuenta, en las interacciones corrientes entre piel y piel de madre e hijo.

¿Y reconocer al recién nacido a partir de una foto?

Kaitz, Rokem y Eidelman (1988) fotografiaron a unos recién nacidos poco después del parto (entre cinco minutos y cinco horas después). Pidieron a 124 jóvenes madres que intentaran reconocer a sus recién nacidos a partir de las citadas fotos mientras se habían llevado a sus pequeños para los primeros cuidados. Se fijaron en que las que ya tenían algún hijo identificaban a su pequeño entre las fotografías con más facilidad que las madres primerizas.

Los investigadores creen que el estrés asociado a una primera experiencia de parto podría ser el responsable de un déficit de corta duración en el campo de la atención y de la percepción en las jóvenes madres.

¿Y qué decir del olor?

En 1987, Kaitz, Good, Rokem y Eidelman visitaron a unas jóvenes parturientas en una maternidad para proponerles participar en un experimento psicológico. Aceptaron 48 de ellas.

En un primer estadio, les dieron a oler tres frascos de perfume muy clásico (vainilla, almendras y limón) a fin de saber si eran capaces de diferenciar estos olores. Hubo seis que no pudieron y se descartaron para la segunda fase del estudio.

En un segundo estadio, se comprobó que cada madre pudiera reconocer el olor de su propio bebé. Para ello, uno de los investigadores se fue a la nursería y desnudó al bebé de una de las madres, así como a otros dos recién nacidos. Se metieron en sendas bolsas de plástico cada una de las camisitas de los tres bebés. El investigador volvió a la madre y le pidió que oliera durante 30 segundos el contenido de cada una de las bolsas para intentar reconocer qué camiseta era la que pertenecía a su pequeño.

La figura I muestra el porcentaje de reconocimiento por parte de la madre en función del tiempo que había pasado con su bebé.

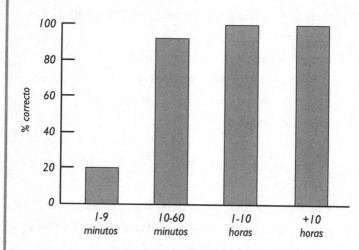

Figura I. Porcentaje de madres que reconocen a sus bebés por el olor, en función del tiempo en que madre e hijo han estado juntos desde el parto.

El 90% de las madres consiguió reconocer el olor de su bebé aunque sólo hubiera estado junto a él diez minutos. Estos resultados apuntan que las madres perciben más de lo que se creía anteriormente las señales olorosas que desprenden los recién nacidos. Es lo que confirman, por otra parte, distintas investigaciones (Porter, Cernoch y Mclaughlin, 1983).

Conclusión

Al igual que en el resto del mundo animal, en el ser humano el olfato constituye una forma de identificación de especial importancia cuando se trata de reconocer al propio hijo. Pero no es la única. Una madre reconocerá a su recién nacido de otra forma, mediante el simple contacto con la piel o bien a través de una foto, aunque haya permanecido con su hijo durante un tiempo muy corto. ¿A que es bello el amor?

Para saber más

KAITZ, M.; GOOD, A.; ROKEM, A.M.; EIDELMAN, A.I.: «Mothers' Recognition of their Newborns by Olfactory Cues», en *Developmental Psychobiology*, 20 (6), 587-591, 1987.

KAITZ, M.; LAPIDOT, P.; BRONNER, R.; EIDELMAN, A.I.: «Parturient Women can Recognize their Infants by Touch», en *Developmental Psychology*, 28 (1), 35-39, 1992.

KAITZ, M.; ROKEM, A.M.; EIDELMAN, A.I.: «Infants' Face-Recognition by Primiparous and Multiparous Women», en *Perceptual and Motor Skills*, 67 (2), 495-502, 1988.

PORTER, R.H.; CERNOCH, J.M.; MCLAUGHLING, F.J.: «Maternal Recognition of Neonates Trough Olfactory Cues», en *Physiology et Behavior*, 30, 151-154, 1983.

Serge Ciccotti

4 ¿Puede reconocer el padre a su hijo recién nacido con el simple gesto de tocarle la mano?
El reconocimiento del bebé por parte del padre en el período posparto

Se estudian a menudo las conductas de las madres, pero se plantean pocas preguntas en cuanto a los padres... ¿Qué hay de ellos? ¿Son tan hábiles como las mujeres a la hora de reconocer a sus bebés durante las primeras horas de vida?

A fin de responder a esta pregunta, Kaitz y sus colegas (1994) tuvieron la idea de investigar a 23 padres de unos treinta años de edad. Se les hizo la prueba en las mismas condiciones que a las madres de la experiencia anterior. El estudio se llevó a cabo seis días después del parto y los padres sólo habían permanecido en contacto con sus hijos como mucho siete horas. Los investigadores vendaron los ojos de los padres y les taparon la nariz. Los acompañaron luego a la nursería donde dormían los tres bebés. Se pidió a los padres que tocaran el revés de la mano de cada uno de los pequeños y también una mejilla. Cada padre tenía que identificar de esta forma a su recién nacido.

El 78% de los padres identificaron correctamente a sus hijos al menos en una de las dos pruebas (mejilla o mano), aunque acertaron más en el caso de las manos. Pese a que los padres afirmaban no confiar mucho en su estimación, eso no tuvo nada que ver con el resultado real. Además, como en el caso de las madres, el éxito en el reconocimiento no tenía mucho que ver con el número de horas pasadas con el bebé, ni con tener o no otros hijos, y tampoco con el sexo del bebé.

Esta experiencia demuestra que los padres dan una gran importancia al contacto físico que han tenido con el recién nacido y que guardan en la memoria la *textura de la piel* de su bebé.

Aun así, es más fácil para las madres que para los padres determinar cuál es su bebé, ya sea tocándole la mano o la mejilla. En el caso de los padres, se fían básicamente del contacto de la mano. ¿Querrá eso decir que la mano del recién nacido es más importante que el resto del cuerpo? Probablemente, y además es lo que ponen de relieve muchos estudios, que demuestran que los padres son propensos a jugar y a estimular al bebé tocándole la mano (Parke, 1979). Se podría pensar que perciben la fragilidad del pequeño y no se atreven con otro tipo de contacto. Basta con observar a los jóvenes padres en la maternidad para percatarse de ello.

Kaitz, Good, Rokem y Eidelman (1988) reprodujeron su estudio a partir de fotos, pero en esta ocasión incluyeron a los padres en el protocolo experimental.

Así pudieron comparar la habilidad de madres y padres a la hora de identificar a su recién nacido a partir de una foto tomada poco después del parto. Se podría esperar que ellos no reconocieran tan bien como ellas a sus pequeños, teniendo en cuenta el tipo de contacto que establecen con el recién nacido; sin embargo, los resultados de la experiencia demostraron lo contrario: los padres fueron tan capaces de identificarlos como las madres.

31

> Esto indica que los padres observan a sus bebés con gran
> atención. Una atención que puede compararse a la de la madre.
> La razón se aborda en la segunda cuestión del libro: los padres
> desarrollan sólidos procesos de identificación a fin de reconocer
> su propia descendencia y asegurarse de su paternidad.

Conclusión

¿Ha visto la película *La vida es un largo río tranquilo*? ¿A que
es inquietante? De todas formas, podemos estar seguros de
que los padres y las madres son verdaderos expertos en el reconocimiento de su propio bebé, algo que tendría que tranquilizar a los que se inquietan sobre un posible cambio de
pulsera en la nursería de la maternidad.

Para saber más

KAITZ, M.; GOOD, A.; ROKEM, A.M.; EIDELMAN, A.I.: «Mo-
thers' and Fathers' Recognition of their Newborns' Photo-
graphs During the Postpartum Period», en *Journal of De-
velopmental & Behavioral Pediatrics*, 9 (4), 223-226, 1988.
KAITZ, M.; SHIRI, S.; DANZIGER, S.; HERSHKO, Z.; EIDELMAN,
A.I.: «Fathers Can Also Recognize their Newborns by
Touch», en *Infant Behavior and Development*, 17, 205-
207, 1994.
PARKE, R.D.: «Perspectives on Father-Infant Interation», en
OSOFSKY, J.D. (ed.), *Handbook of Infant Development*,
Nueva York, Wiley, 1979.

5 Cuando la madre habla a su bebé, ¿le cambia la cara?
La expresión facial de la madre frente al bebé

Sabemos que cuando las madres hablan a su bebé tienden a modificar la voz, a exagerar la entonación emotiva y a establecer muchas pausas después de las palabras (ver Fernald y Simon, 1984). Al parecer, sería una práctica beneficiosa para el bebé, pues de esta manera aprendería a hablar con más rapidez (ver página 38 y también Fernald, 1993). Pero, además, un gran número de estudios ha demostrado que es algo que al bebé le gusta (ver Cooper y Aslin, 1990), aunque se les hable en una lengua que ellos desconocen (Werker, Pegg y McLeod, 1994).

¿Qué decir de la expresión de las madres? ¿Cambiamos de cara cuando hablamos a nuestro bebé? Pues sí. En 2003, Chong y su equipo realizaron una investigación que puso de relieve que las madres adoptaban «tres expresiones faciales diferenciadas» al dirigirse a sus angelitos.

El estudio se realizo en Canadá, en un centro multicultural de Vancouver y en un laboratorio de la Universidad de British Colombia. Se filmó a veinte madres (diez mujeres de lengua china y diez de lengua inglesa) mientras se comunicaban cara a cara con sus bebés de entre cuatro y siete meses de edad. Los investigadores habían dicho antes a las madres: «Explicad al bebé una pequeña historia relacionada con cada uno de los siguientes temas: el primer día que entrasteis en casa con él; el primer biberón que le disteis; vuestros sentimientos respecto a él; la primera vez que le cambiasteis el pañal, etc.».

El análisis de los vídeos demostró que las madres, aparte de modificar su voz, cambiaban también la cara en sus interacciones con el pequeño. Se tomaron una serie de medidas. Luego se pidió a 32 estudiantes que identificaran y diferenciaran las expresiones faciales a partir de los vídeos. Se midieron asimismo los movimientos de los músculos en cada una de las tres categorías que hicieron patentes los estudiantes.[1]

Otras 75 personas proporcionaron descripciones en el ámbito de las emociones y de la comunicación a los tres tipos de expresiones que pusieron de manifiesto los 32 estudiantes.

Por fin, todas las medidas desembocaron en tres tipos de expresiones presentadas por las madres (ver la figura 2).

La expresión A: un tipo de expresión que aparece cuando las madres intentan expresar su comprensión y consolar al bebé. Así le demuestran que también se preocupan por él. Los «oh» que las madres pronuncian en esta situación traducen un sentimiento de consuelo que pretende tranquilizar al pequeño y al tiempo demostrarle su amor. Ejemplo: «¡Oh, pobrecito, llorabas porque tenías hambre!».

---

1. Esto se llevo a cabo a través de un sistema de codificación facial (FACS), desarrollado por Ekman y Friesen (1978). Es un sistema consistente en una herramienta que describe detalladamente la actividad muscular y anatómica que se percibe visualmente en las expresiones y en los movimientos faciales. Las contracciones de un músculo o de un grupo muscular se reagrupan en unidades de acción (UA), y la expresión se describe como *conjunto de UA*.

Figura 2

Primera línea: comprensión/tranquilidad (expresión A).
Segunda línea: sorpresa (expresión B).
Tercera línea: alegría (expresión C).

La expresión B: es la de la sorpresa acompañada por una emoción positiva. Los ojos abiertos de par en par, las cejas levantadas y la boca abierta con una dulce sonrisa. Con ella, las madres pretendían comunicar sorpresa y orgullo y al mismo tiempo despertar el interés del pequeño. El ruido brilla por su ausencia, pues se quiere captar la atención del bebé y transmitirle emoción. Ejemplo: rostro de sorpresa y frase del tipo: «Pero ¿qué es este escándalo? ¡Ah, el eructo del bebé!».

La expresión C: se caracteriza por una cariñosa sonrisa. La alegría y el amor que la mamá comunica a su bebé. Las madres demuestran de esta forma su admiración y el imperioso deseo de tocar al bebé.

Se trata de unos resultados divertidos, que afianzan la importancia de la expresión facial en las interacciones entre la madre y el bebé. Por otro lado a pesar de que las madres procedan de culturas distintas (china, anglosajona), en este estudio se constata el carácter universal de estos mensajes no verbales.

Y ahora uno se plantea lo siguiente: ¿para qué sirven estas expresiones? Una serie de estudios han demostrado que las modificaciones en el rostro, en la voz y en los movimientos del cuerpo de los padres permiten mantener interacciones positivas con el bebé. Dichas expresiones ayudan y enseñan también al pequeño a adaptar su estado emotivo (Papousek, Papousek y Koester, 1986). Por otra parte, otro estudio demostraba hasta qué punto una expresión facial de «temor» en el rostro de la madre podía inhibir la voluntad del bebé en el momento de salvar un pequeño obstáculo (Sorce, Emde, Campos y Klinnert, 1985).

Conclusión

Está constatado que las madres utilizan tres expresiones faciales que parecen ejercer tres funciones distintas en los intercambios emotivos con sus bebés. Y esto se produciría en todas las culturas. Por consiguiente, existe un único conjunto de expresiones faciales que viene a completar el registro vocal. Lo que queda por saber es si frente al bebé los padres y los desconocidos hacen lo mismo.

Para saber más

CHONG, S.C.F.; WERKER, J.F.; CARROLL, J.M.; RUSSELL, J.A.: «Three Facial Expressions Moherns Direct to their Infants», en *Infant et Child Development*, 12, 211-232, 2003.

COOPER, R.P.; AISLIN, R.N.: «Preference for Infant-Directed Speech in the First Month after Birth» en *Child Development*, 61, 1584-1595, 1990.

EKMAN, P.; FRIESEN, W.V.: *Facial Action Coding system: A Technique for the Measurement of Facial Movement*, Palo Alto, Consulting Psychologist Press, 1978.

FERNALD, A.T.: «Approval and Disapproval: Infant Responsiveness to Vocal Affect in Familiar and Unifamiliar Languages», en *Child Development*, 64, 657-674, 1993.

FERNALD, A.; SIMON, T.: «Expanded Intonation Contours in Mothers' Speech to Newborns», en *Developmental Psychology*, 20, 104-113, 1984.

PAPOUSEK, H.; PAPOUSEK, M.; KOESTER, L.S.: «Sharing Emotionality and Sharing Knowledge: a Microanalytic Approach to Parent-Infant Communication», en IZARD, C.E.; READ, P. B. (eds.): *Mesuring Emotions in Infants and Children* (vol. 2, pp. 93-123), Nueva York, Cambridge University Press, 1986.

SORCE, J.F.; EMDE, R.N.; CAMPOS, J.J.; KLINNERT, M.D.: «Maternal Emotional Signaling: Its Effect on the Visual Cliff Behavior of 1-Year-Olds», en *Developmental Psychology*, 21, 195-200, 1985.

WERKER, J.F.; PEGG, J.E.; MCLEOD, P.J.: «A Cross-Language Investigation of Infant Preference for Infant-Directed Communication», en *Infant Behavior and Development*, 17, 321-331, 1994.

6 ¿Hay que utilizar el «lenguaje bebé» con el bebé?

Influencia de los fenómenos prosódicos[1] en la segmentación de la expresión verbal

Do	Fa	Fa#	Sol

«¿Quién es este gordiiiiiitooooo? ¿Es de su maaaaaamiiiiii?»

¿Hablamos a nuestro bebé exagerando la entonación, en un tono cantarín, arrastrando las sílabas, como si habláramos a un retrasado? Si es así, alguna vez nos sentiremos idiotas. Mucho más cuanto que desde hace tiempo oímos decir que hay que dirigirse a los pequeños como se hace con los adultos a fin de estimularlos para que hablen antes.

¿Y si fuera al revés? ¿Y si una vez más se equivocara la psicología popular?

Un equipo de psicólogos especializados en la adquisición del lenguaje se propuso saber más sobre el tema.

Thiessen, Hill y Saffran (2005) organizaron un estudio con la participación de 40 bebés de entre seis meses y medio y siete meses y medio. Dichos bebés oyeron la grabación de una voz de mujer que pronunciaba una frase. Ésta incluía cuatro palabras sin sentido alguno («dibo, kuda, lagote, nifopa»). No se hizo ninguna

---

1. *Fenómenos prosódicos*: acentuaciones, entonaciones, ritmos y pausas del discurso. Cada «fenómeno prosódico» se manifiesta por las variaciones en cuanto a la frecuencia, la altura, la intensidad o la duración.

pausa entre las distintas palabras, de forma que resultaba imposible saber dónde empezaba cada una de ellas.

Entre los bebés, 20 oyeron la frase en un tono corriente de conversación adulta (situación «AD»). Los otros 20, en un tono, un ritmo y una pronunciación «exagerada», como la que utiliza a menudo la gente cuando se dirige a un bebé («ID»). Los pequeños oyeron durante un minuto unas cuantas veces la frase.

Seguidamente se les hizo escuchar o bien alguna palabra de la frase (por ejemplo, «dibo») o bien algún fragmento de palabra (sílabas mezcladas, por ejemplo, «dida»). Al mismo tiempo, en la pared parpadeaba una luz. Mientras el pequeño miraba la luz, iba repitiéndose la palabra. Cuando el bebé apartaba la vista de la luz se paraba la cinta (unos estudios efectuados con anterioridad demostraron que los niños de corta edad se concentran más tiempo en la luz cuando oyen una palabra conocida). Los investigadores cronometraron el tiempo que el bebé miraba la luz en las condiciones diferentes y en las palabras o fragmentos de palabra.

Los resultados demostraron que los bebés que habían oído con anterioridad la frase con una entonación exagerada («ID») habían reconocido antes las palabras de dicha frase. Es decir: habían pasado más tiempo mirando la luz cuando oían palabras de la frase que cuando oían fragmentos de palabras. En cambio, en la otra situación («AD»), los bebés miraron menos la luz en general y no mostraron un comportamiento distinto cuando oían palabras de la frase o fragmentos de palabras.

Así pues, parece que en la situación «ID» se facilitó la segmentación de la frase en palabras distintas. Los bebés que habían oído con anterioridad la frase «ID» pasaron más tiempo (un 25%) escuchando las palabras que les hicieron oír posteriormente.

Conclusión

Hemos oído muchas veces que si los padres querían que sus hijos se desarrollaran correctamente tenían que hablarles como a los adultos. Pues bien, las investigaciones han demostrado que es todo lo contrario: sigamos hablando a nuestros bebés con la entonación típica, como han hecho las madres durante siglos. Efectivamente, esta forma de arrastrar las vocales y de acentuar con exageración el tono parece bastante eficaz para el estudio de la lengua.

El instinto de los padres es el correcto. Ya habíamos comprobado que al pequeño le gustaba nuestra forma de dirigirnos a él. Pues a seguir, ya que no sólo existen estudios que demuestran que los bebés prefieren las expresiones verbales con gran carga de emoción positiva,[2] sino que, además, los trabajos realizados por Thiessen y su equipo confirman que es algo que en realidad les ayuda a aprender la lengua con más rapidez.

El bebé es capaz de identificar con más facilidad palabras concretas en las frases si se pronuncian «ID» que si se expresan con una cadencia más monótona, característica de la conversación que tienen los adultos entre sí («AD»). Las frases cortas, el ritmo lento y la voz cantarina ayudan a los más pequeños a segmentar una frase en palabras, a identificar dónde

---

2. Singh, L.; Morgan, J.; Best, C.: «Infants' Listening Preferences: Baby Talk or Happy Talk?», en *Infancy*, 3, 365-394, 2002. Kitamura, C.; Burnham, D.: «The Infant's Response to Maternal Vocal Affect», en Rovee-Collier, C.; Lipsitt, L.; Hayne, H. (eds.): *Advances in Infancy Research*, vol. 12 (p. 221-236), Stamford, Connecticut, Ablex, 1998.

empiezan y dónde terminan[3] y, sobre todo, a distinguirlas de otros ruidos y de otros sonidos.

Nos sentimos algo tontos cuando hablamos al bebé de esta forma, pero aprenderá antes si nos dirigimos a él como hacemos con los más pequeños[4] que si le hablamos como a los adultos. De modo que olvidémonos del sentimiento de culpabilidad, pues cuando cambiamos el tono y el ritmo para hablar con el bebé le estamos impartiendo la primera clase de comunicación.

Para saber más

THIESSEN, E.D.; HILL, E.A.; SAFFRAN, J.R.: «Infant Directed Speech Facilitates Word Segmentation», en *Infancy*, 7 (1), 53-71, 2005.

---

3. El bebé establece una estrategia para descubrir las palabras de la lengua: analiza la prosodia de las frases. Efectúa una primera segmentación de la exposición en pequeñas unidades, gracias a determinadas características (prolongación de la sílaba final, descenso en la entonación), que señalan en general el fin de un grupo prosódico. Después analiza, en cada una de las unidades, la probabilidad de transiciones entre distintos fonemas. Poco a poco es capaz de descubrir las sucesiones de fonemas más frecuentes. Veremos hasta qué punto nuestros bebés son verdaderos expertos en estadística consultando Saffran, J.R.; Aslin, R.N.; Newport, E.L.: «Statistical Learning by 8-Month-Old Infants», en *Science*, 1996, 274, 1926-1928.

4. Sin embargo cuidado con no confundir «hablar como un bebé» con la utilización de determinadas palabras en lugar de otras (por ejemplo, «pupa» por «daño» o «tata» por «niñera»). ¡Una cosa no tiene nada que ver con la otra!

7 Las mamás, ¿se portan como si estuvieran ante un espejo?
Imitación corporal de la madre y comportamiento alimentario

Cuando demos de comer al bebé, colocaremos un espejo tras él de forma que podamos vernos. Entonces, ¡oh, sorpresa!, observaremos lo siguiente: abrimos la boca al mismo tiempo que el pequeño abre la suya para comer.

> O'Toole y Dubin (1968) observaron que las madres abrían la boca en el preciso momento en que metían la cuchara con el alimento en la del bebé. La explicación intuitiva que podían dar era la de que la madre hacía este gesto esperando que su hijo hiciera lo propio, para que pudiera ingerir el alimento.
>
> Se les ocurrió entonces llevar a cabo una serie de observaciones más sistemáticas sobre las interacciones madre-hijo. Los resultados les sorprendieron, puesto que en el 80% de los casos la madre no abría la boca hasta que el bebé había abierto la suya. Dicho de otra forma, es la madre la que imita al pequeño y no al contrario. Éste se limitaba a abrir la boca cuando captaba que pasaba el alimento frente a él.
>
> Después de las comidas, ninguna de las madres observadas manifestó consciencia de haber imitado al bebé.

Conclusión

Ya que las madres abren la boca cuando sus bebés ya lo han hecho, la deducción lógica es que ellas no optan por tal comportamiento necesariamente como método destinado a obligar al pequeño a comer.

Es probable que sea un fenómeno fruto de la empatía, es decir, de la capacidad que puede tener alguien de ponerse en el lugar de otro y de vivir lo que pueda vivir éste. Cuanto más próxima es la persona, mayor la empatía. Así, la madre demuestra una gran empatía hacia el bebé y esto facilita la adaptación. En efecto, es ella la que es capaz de percibir, más que otra persona, lo que siente el bebé, a fin de protegerlo y atender a sus necesidades. Y esto conllevará automáticamente los movimientos de su boca cuando el bebé come. Todos actuamos de la misma forma al hacer muecas de dolor cuando un amigo o un familiar nos cuenta algún episodio triste o algún accidente que ha sufrido.

Para saber más

O'TOOLE, R.; DUBIN, R.: «Baby Feeding and Body Sway: An Experiment in George Herbert Mead's "Taking the Role of the Other"», en *Journal of Personality and Social Psychology*, 10, 59-65, 1968.

8 ¿Hasta qué punto debemos estar disponibles para el bebé?
Disponibilidad de la madre y comportamiento del bebé

Es complicado establecer hasta qué punto la madre o el padre deben mostrarse disponibles para el bebé.

Algunas madres creen que para evitar que el bebé sea endeble deben estimularlo de todas las formas posibles. Lo han leído en internet, luego es cierto: «¿Quiere que su hijo sea superdotado? ¡Estimúlelo!». Entonces, la madre colocará en las manos del bebé un juguete nuevo cada tres segundos. Se preocupará si ve que el pequeño de nueve meses es incapaz de hacer encajar dos cubos. Y eso que en la caja decía muy claro: «A partir de nueve meses». No le dejará ni un instante de respiro. Considerará que tiene que incitarlo como sea. Pasará, en un período de un cuarto de hora, del juguete a jugar con las manos, y de aquí al cuento infantil leído con énfasis con la música de fondo de las mejores canciones para niños que acaba de comprar a precio de oro en el supermercado del barrio. El bebé no podrá ni soñar, pues cuando vaya a dormirse el techo eléctrico de la cuna proyectará las letras del alfabeto que pronto le harán recitar.

Por otra parte, algunos bebés pasan la mayor parte del tiempo inactivos (a excepción de las horas de las comidas), sentados en una pequeña tumbona frente a la tele, con la jirafita en el regazo. Es igualmente discutible lo de contentarse con estar presente al lado del bebé como una simple bola de polvo.

En fin, el lector habrá constatado ya que en materia de disponibilidad siempre es preferible el término medio.

Veamos de entrada en qué será útil a su bebé una madre «disponible».

Sorce y Emde (1981) investigaron si la disponibilidad de la madre podría influir en la exploración y el juego de los bebés. Se trasladaron a un laboratorio a 40 madres con sus bebés (de quince meses) y se repartieron en dos grupos:

— en uno de ellos, las madres se clasificaron como «no disponibles», es decir, tenían que permanecer sentadas en una silla leyendo una revista durante quince minutos. En ese tiempo, su bebé jugaba en el suelo en el centro de la sala. En ningún momento la madre tenía que responder a las solicitudes del hijo;

— en el otro grupo, las madres se consideraron «disponibles». No leían ninguna revista y, contrariamente a las del primer grupo, podían expresarse en el plano emocional con su bebé.

El pequeño se divertía con unos juguetes sentado sobre una manta. En un momento dado aparecía en la estancia un robot teledirigido, que se acercaba al pequeño. Los investigadores observaron los comportamientos de los bebés en las dos situaciones (madres disponibles y madres no disponibles).

Los resultados demostraron que la disponibilidad de la madre había tenido unas consecuencias importantes en el comportamiento de los bebés.

Los bebés de las madres no disponibles se mostraron menos alegres y menos activos. Además, hubo poca exploración del robot (visual y táctil). En la otra situación, en cambio, en la que la

información emocional de la madre estaba disponible, la cosa fue
mucho menos ambigua en el caso de los bebés que se adapta-
ron con más facilidad y manipularon el robot (algo que los otros
no se atrevieron a hacer).

Esta experiencia demuestra que no basta la presencia de
la madre al lado del bebé y que su *disponibilidad real* mejora la frecuencia del comportamiento exploratorio.

También cabe precisar el grado de disponibilidad. En
efecto, lo importante es sobre todo la forma en la que la madre (o el padre) responden a lo que solicita el bebé. La madre puede estimular al pequeño (es decir, incitarle, enseñar-
le a utilizar tal o cual juguete) o bien responder de forma
«ajustada».[1] El ajuste se consigue cuando la madre aporta
respuestas rápidas y apropiadas a las demandas del bebé y
por otro lado cuando es capaz de no intervenir constantemente.

Entonces, ¿estimulación o ajuste?

En 1978, Riksen-Walraven realizó un estudio con el objetivo de
comprender las consecuencias de una u otra de las estrategias
maternales citadas.

En esta experiencia, enseñó a los padres de 100 bebés de nue-
ve meses a comportarse de una forma determinada durante las
actividades comunes, entre las que cabe citar los juegos. Riksen-
Walraven seleccionó padres con niveles de estimulación y ajuste
inicialmente bajos.

1. *Responsiveness* en inglés. Ver Pêcheux (1990).

Durante tres meses, los padres tenían que «estimular» a su hijo o bien responder de una forma «ajustada». Pasados los tres meses, la psicóloga observó que:

— los bebés a los que se había estimulado se acostumbraban antes que los otros a los objetos que se les presentaban;
— en cambio, los bebés cuyos padres se habían ajustado a sus peticiones exploraban mejor los objetos y se fijaban más en las diferencias entre ellos.

Para Riksen-Walraven el éxito en el ajuste implica un sentimiento de capacidad y, por consiguiente, una mayor exploración y comportamientos más audaces.

Conclusión

Fuera de las horas de las comidas o de otros cuidados físicos, la simple presencia del padre o de la madre leyendo el periódico no es suficiente. Es importante mostrarse disponible ante el pequeño, pues es algo que repercutirá en su comportamiento emocional, social y exploratorio.

No obstante, hay que precisar la calidad de dicha disponibilidad. Muchos padres tendrán que aprender a ajustarse a las peticiones del bebé. Gracias a las respuestas regulares de la madre y el padre a las demandas del pequeño, éste comprenderá que puede interaccionar con su entorno y adivinar lo que harán los demás. Si los padres no responden sistemáticamente y le dejan tiempo, el bebé se sentirá capacitado y pondrá más atención en la exploración de los objetos.

Serge Ciccotti

Finalmente, habrá que evitar anticiparse y satisfacer de antemano las peticiones del bebé. Intervendremos sólo cuando la situación lo exija, por ejemplo, cuando el bebé dé señales de tener dificultades con el nuevo juguete o bien cuando pida algo de atención.

Para saber más

PÊCHEUX, M.G.: «L'ajustement parental: un concept utile et flou», en *L'Année psychologique*, 90, 567-583, 1990.
SORCE, J.F.; EMDE R.N.: «Mother's Presence is not Enough: Effect of Emotional Availability on Infant Exploration», en *Developmental Psychology*, 77, 6,737-745, 1981.
RIKSEN-WALRAVEN, J. M.: «Effects of Caregiver Behavior on Habituation Rate and Self-Efficacy in Infants», en *International Journal of Behavioral Development*, 1, 105-130, 1978.

9 ¿Podemos adivinar el sexo de nuestro futuro hijo?
La habilidad de las mujeres a la hora de pronosticar el sexo del futuro bebé

A quien está embarazada, una de las primeras preguntas que se le formula es: «¿Es niño o niña?»

A la respuesta de que no lo sabemos, nos dirán: «Si tienes el vientre redondo es niña, si es puntiagudo, niño», o bien:

«Si tu libido disminuye durante el embarazo... ¡es niño! Si aumenta, será niña», o bien: «Si la línea oscura del vientre es corta... ¡es niño! Si es larga... ¡es niña!». O también: «¿Te sientes melancólica y notas pesadez en el costado izquierdo? ¡Es niño! ¿Estás alegre pero notas pesadez en el costado derecho? ¡Es niña!».

La lista de métodos de las abuelas para adivinar el sexo del bebé es larga y a menudo extravagante. Hoy en día se utilizan mucho menos estas técnicas por el recurso sistemático a la ecografía, gracias a la cual podemos tener un conocimiento rápido del sexo del bebé.[1] Sin embargo, hay padres que piden al médico que no les informe de si se trata de una niña o de un niño. No quieren saberlo, ya sea porque les es indiferente, porque lo único que les importa es la salud del recién nacido o bien porque prefieren la sorpresa en el momento del parto (Wu y Eichmann, 1998).

Ahora bien, determinados investigadores han querido averiguar hasta qué punto eran válidos estos métodos populares que se usan para adivinar el sexo del bebé antes de que nazca.

---

1. En 1996, en un estudio llevado a cabo a partir de las ecografías realizadas en el quinto mes de embarazo a una muestra de 472 mujeres, un 75% deseaba conocer el sexo de su hijo. La ecografía permitió dar una respuesta exacta en el 97% de los casos (con un 3% de error). En un 10% de los casos no se pudo determinar el sexo fetal (HARRINGTON, K.; ARMSTRONG, V.; FREEMAN, J.; AQUILINA, J.; CAMPBELL, S.: «Fetal Sexing by Ultrasound in the Second Trimester: Maternal Preferente and Professional Ability», en *Ultrasound Obstet. Gynecol.*, 8 (5), 318-321, 1996.

En efecto, si bien algunos son totalmente surrealistas, otros pueden tener alguna probabilidad biológica.[2]

> *Tres investigadores (Perry, Di Pietro y Costigan, 1999) selecciona-ron en un centro médico a 104 mujeres embarazadas de dieciocho semanas, que no conocían el sexo de su futuro bebé, básicamente porque preferían tener la sorpresa en el momento del parto. Rellenaron una encuesta pensada para descubrir qué pronóstico tenían acerca del sexo del bebé (¿niña o niño?).*
>
> *Se les pedía en qué basaban su predicción (comparación con el embarazo anterior, algún sueño que hubieran tenido en el que veían el sexo del bebé, cómo llevaban al pequeño en el seno, sensaciones, creencias, etc.). Se esperó a que las mujeres dieran a luz para comprobar cuál era el sexo del recién nacido. A partir de aquí pudieron establecerse relaciones entre lo que habían respondido anteriormente las madres y la realidad concreta del sexo del bebé.*

---

2. Por ejemplo, se dice popularmente que si se tienen náuseas y vómitos por la mañana se espera una niña, y esto tiene una base científica. De 66 mujeres embarazadas que tuvieron que ser hospitalizadas por serios vómitos durante este período, 44 tuvieron una hija (HSU, C.D.; WITTER, F.R.: «Foetal Sex and Severe Hyperemesis Gravidarum», en *International Journal of Gynaecology and Obstetrics*, 40, 63-64, 1993). Esto podría deberse a un aumento crónico del índice de gonadotropina presente en los fetos de las niñas. En cambio, la idea de que si el corazón del feto late deprisa se trata de una niña es un mito sin fundamento, si tenemos en cuenta los estudios llevados a cabo en diferentes estadios del embarazo (por ejemplo, PETRIE, B.; SEGALOWITZ, S.J.: «Use of Fetal Heart Rate, Other Perinatal and Maternal Factors as Predictors of Sex», en *Perceptual and Motor Skills*, 50, 871-874, 1980).

Los resultados mostraron que las mujeres habían fallado mucho en las predicciones del sexo de su futuro bebé y que las diferentes técnicas propuestas por unas y otras resultaban muy poco convincentes en lo que se refería a los pronósticos. Las mujeres que habían vivido unos cuantos embarazos no acertaban más que las otras. De todas formas, estudiando un poco más a fondo las cifras, los investigadores descubrieron algo bastante intrigante.

Las madres con más estudios (secundaria finalizada o superior) consiguieron adivinar el sexo del hijo en un 71% de los casos, mientras que las que habían recibido menos instrucción lo hicieron tan sólo en el 43%. Por otra parte, las que habían basado su predicción en sueños y sensaciones adivinaron mejor el sexo del bebé que las que habían confiado en los métodos populares (65% contra 41%).

¿Las razones que explican estos resultados? Los investigadores las desconocen.

Conclusión

Los estudios demuestran que, en general, las mujeres no son profetas en este terreno, aunque las que tienen más estudios aciertan un poco mejor que las demás, algo cuya causa sigue siendo un misterio.

Quien quiera adivinar el sexo del bebé que lleva dentro será mejor que deje a un lado los métodos de adivinación popular. Que base su pronóstico en los sueños y en las sensaciones y tendrá alguna posibilidad de hacer una predicción más acertada.

Para saber más

PERRY, D.; DI PIETRO, J.A.; COSTIGAN, K.: «Are Women Carrying Basketballs Really Having Boys?: Testing Pregnancy Folklore», en *Birth*, 26, 172-177, 1999.
WU, J.; EICHMANN A.: «Fetal Sex Identification and Prenatal Bonding», en *Psycological Reports*, 63 (1), 199-202, 1988.

10 ¿Hace falta saber mucho sobre bebés para ser feliz en la vida?
Consecuencias de la fertilidad en la satisfacción vital

Algunos nos dirán que sí, que cuantos más hijos, mayor felicidad... ¿Seguro? ¿Es cierto que la felicidad aumenta en función del número de hijos?

En 2002, tres investigadores (Kohler, Behrman y Skytthe) de las universidades de Pennsylvania y de Southern Denmark se interesaron por esta cuestión y llevaron a cabo un estudio para observar si el bienestar tenía o no relación con el número de hijos.

Mandaron un cuestionario a unos cuantos miles de gemelos daneses, hombres y mujeres, nacidos entre 1931 y 1982. Este documento incluía todo tipo de preguntas relacionadas con la salud, el peso, la talla, el nivel de instrucción, la profesión, el tabaquismo, el número y sexo de los hijos que habían tenido, la edad que tenían cuando tuvieron el primero, la edad a la que se casaron, etc.

Los gemelos también tenían que responder a una pregunta que medía su bienestar subjetivo global, el nivel de satisfacción en su vida. En resumen, la felicidad: «Teniendo en cuenta todos los detalles, ¿hasta qué punto es usted feliz en su vida?» («Muy satisfecho, satisfecho, insatisfecho, nada satisfecho»).

Los investigadores compararon las respuestas dadas por cada uno de los gemelos emparejados. Evidentemente, los encuestados no sabían que los investigadores estudiaban las relaciones entre algunas de las preguntas planteadas y el nivel de felicidad experimentado.

Entre los de veinticinco a cuarenta y cinco años, los resultados demostraron que:

— las personas eran globalmente felices, incluso un 50% se mostró «muy satisfecho»;

— lo más interesante, sin embargo, fue que los gemelos que habían tenido un primer hijo afirmaban ser más felices que antes de tenerlo. El hecho de tener un primer hijo aumenta mucho el nivel de felicidad, que se sitúa hasta en un 75% en los padres cuyo primer hijo es varón;

— en cuanto a los hijos posteriores, los análisis demostraron que ejercían un efecto negativo sobre el bienestar subjetivo de las mujeres y ningún efecto en el de los hombres. En las mujeres, cada hijo que tienen después del primero consigue una disminución de un 13% en el indicador de felicidad, y tres más anulan casi totalmente el efecto positivo del primer hijo.

En cambio, en el grupo de entre cincuenta y setenta años, y contrariamente a los tópicos, tener o no tener hijos no influye en la sensación de felicidad.

Conclusión

Los resultados de este estudio, basado en correlaciones, son sorprendentes. Es importante señalar, de todas formas, que sólo se apoyan en el sentimiento de satisfacción general. No hay que confundir dicho sentimiento con el amor que se profesa a los hijos, pues es algo que no tiene nada que ver y la investigación no se centra en esta cuestión.

Para saber más

KOHLER, H.P.; BEHRMAN, J.R.; SKYTTHE, A.: «Partner + Children = Happiness? The Effects of Partnerships and Fertility on Well-Being», en *Population and Development Review*, 31 (3), 407-445, 2002.

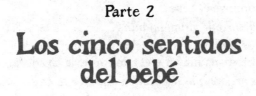

Parte 2

Los cinco sentidos del bebé

Resumen
La vista

El oído

11 ¿Cómo ve el bebé?
El desarrollo visual infantil

Durante mucho tiempo se creyó que los bebés nacían ciegos o que tardaban muchísimo en ver correctamente... Hoy en día sabemos que un bebé de unas horas ve, a pesar de que en el momento del nacimiento el sistema visual sea aún inmaduro.

Así pues, el recién nacido posee una agudeza visual unas sesenta veces inferior a la de un adulto. Esto quiere decir que le cuesta percibir los pequeños detalles. Ahora bien, a los seis meses su agudeza ya es sólo cinco veces inferior a la del adulto (Fantz, Ordy y Udelf, 1962). ¿Y qué ocurre con la adaptación, es decir, con la capacidad que poseemos para alterar la curvatura del cristalino y obtener una imagen nítida según miremos de cerca o de lejos? Pues que el bebé tiene dificultad de adaptación. Esto quiere decir que percibe una imagen más bien borrosa. Ve la imagen menos borrosa si la tiene a una distancia de entre 20 y 65 centímetros, pues en esta horquilla es capaz de adaptarse un poco (Banks, 1980). A partir de dos meses, la adaptación es mucho mejor. Y lo más sorprendente es que a los tres meses y medio es superior a la de los adultos, pues le permite ver nítidamente un objeto situado a cinco centímetros, ¡algo de lo que nosotros somos incapaces! (Aslin, 1985.) Hagamos la prueba: intentemos leer este texto a cinco centímetros de los ojos.

En cuanto al campo visual, si el de los adultos es de 180 grados, el del recién nacido es tan sólo de 60 grados. Este campo visual se desarrolla lentamente durante los dos prime-ros meses de vida y después va aumentando con rapidez has-ta los ocho meses (Schwartz, Dobson, Sandstrom y Van Hof-Van Duin, 1987).

En la serie de fotos de las figuras 3 y 4 vemos que la ma-dre se percibe de una forma mucho más nítida a unos trein-ta centímetros que cuando se encuentra en el umbral de la puerta de la habitación del bebé.

Recién nacido   I mes   2 meses   3 meses

6 meses   Adulto

Figura 3. El rostro de la madre visto desde una distancia de 30 centíme-tros en función de la edad.

Por lo que se refiere a la vista, también podemos plantear-nos la forma en que se desplazan los ojos del bebé. Cuando nosotros seguimos un objeto con los ojos, el *seguimiento ocu-lar* es lento, pero ¿es también así en el pequeño?

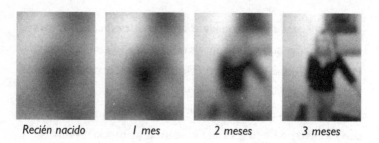

Recién nacido   1 mes   2 meses   3 meses

6 meses   Adulto

Figura 4. *Visión desde una distancia de tres metros en función de la edad.*

Unos investigadores mostraron a una serie de bebés un objeto negro que se desplazaba sobre un fondo blanco, a fin de estudiar si el seguimiento con la mirada se llevaba a cabo de forma suave o con intermitencias.

Se dieron cuenta de que algunos recién nacidos y algunos bebés de cinco semanas eran capaces de seguir el blanco cuando se desplazaba lentamente, pero en cuanto el desplazamiento del objeto se aceleraba, el seguimiento visual registraba intermitencias (Roucoux, Culee y Roucoux, 1983; Kremenitzer, Vaughan, Kurtzberg y Dowling, 1979).

Gracias a otro método que consiste en medir los desplazamientos de una imagen luminosa en la córnea, otros investigadores demostraron que un 40% de los recién nacidos efectúa

> *seguimientos suaves cuando el objeto se desplaza a 8°/segundo*
> *(Charlier, Buquet, Desmidty Querleu, 1993).*
>
> *Habrá que esperar doce meses para que el seguimiento se*
> *efectúe con suavidad a cualquier velocidad.*

Conclusión

Todas estas investigaciones demuestran que si bien la vista del bebé es limitada en relación con la del adulto, como mínimo es funcional. El recién nacido ve borroso, pero va viendo mejor cada día. En el momento del nacimiento, cuando lo tomamos en brazos, ve lo suficiente para percibir nuestros ojos, nuestra boca e incluso una manchita que podamos tener en la nariz. Si nos desplazamos en el interior de su habitación, comprobaremos que el bebé de pocas semanas incluso nos seguirá con la vista, tal vez con un poco de retraso, sobre todo si andamos con cierta rapidez.

Para saber más

ASLIN, R.N.: «Oculomotor Measures of Visual Development» en GOTTLIEB, G. y KRASNEGOR, N.A. (eds.), *Measurement of Audition and Vision in the First Year of Postnatal Life: A Methodological Overview*, Norwood, Nueva Jersey, Ablex, pp. 391-415, 1985.

BAKS, M.S.: «The Development of Visual Accomodation During Early Infancy», en *Child Development*, 51, 646-666, 1980.

CHARLIER, J.; BUQUET, C.; DESMIDT, C.; QUERLEU, D.: «Application de la technique photo-oculographique à l'étude de la poursuite visuelle au cours des premiers mois de la vie», en *Bulletin de la société ophtalmologique française*, 11, 973-978, 1993.

DOBSON, V.: «Behavioral Assessment of Visual Acuity in Human Infants», en BERKLEY, M.A., y STEBBINS, W.C. (eds.): *Comparative Perception*, Nueva York, Wiley, pp. 487-521, 1990.

FANTZ, R.L.; ORDY, J.M.; UDELF, M.S.: «Maturation of Pattern Vision in Infants During the First Six Months», en *Journal of Comparative and Physiological Psychology*, 55, 907-917, 1962.

KREMENITZER, J.P.; VAUGHAN, H.G. JR.; KURTZBERG, D.; DOWLING, K.: «Smooth-Pursuit Eye Movements in the Newborn Infant», en *Child Development*, 50, 442-448, 1979.

ROUCOUX, A.; CULEE, C.; ROUCOUX, M.: «Development of Fixation and Pursuit Eye Movements in Human Enfants», en *Developmental Brain Research*, 10, 133-139, 1983.

SCHWARTZ, T.L.; DOBSON, V.; SANDSTROM, D.J.; VAN HOF-VAN DUIN, J.: «Kinetic Perimetry Assessment of Binocular Visual Field Shape and Size in your Infants», en *Vision Research*, 27, 2163-2175, 1987.

12 ¿Qué prefiere el bebé: el rostro sonriente de su hermana mayor o el tambor de la lavadora?
Las preferencias del bebé en cuanto a rostros

¿Se muestran más receptivos los bebés frente a los rostros humanos que ante objetos con otras formas? La respuesta es sí, a juzgar por los distintos trabajos realizados en este campo.

> En una maternidad, Goren, Sarty y Wu (1975) mostraron a 40 recién nacidos nueve minutos después del parto un rostro normal o bien un rostro distorsionado (boca, ojos y nariz desordenados). Se fijaron en que los bebés dirigían más los ojos, e incluso la cabeza, para seguir al rostro normal que al distorsionado.

Parece evidente que desde el nacimiento se llevan a cabo las discriminaciones visuales. Y la percepción visual es una capacidad innata, pero la preferencia por el estímulo «rostro normal», aun cuando el bebé no haya visto jamás uno, apunta a que ya desde el nacimiento existe una respuesta innata en cuanto a rostros. Es también lo que afirman otras investigaciones (Johnson, Dziurawiec, Ellis y Morton, 1991; Umilta, Simion y Valenza, 1996).

A pesar de todo, los investigadores fueron más allá en sus estudios. Posteriormente demostraron que los recién nacidos, a los que se sometía a diferentes estímulos unas horas después del parto, miraban preferentemente la parte alta y no la parte baja de los objetos. Y esto demostraría que desde el nacimiento el bebé posee el mecanismo que le permite experimentar procesos cada vez más especializados en cuanto a los rostros.

Por otra parte, unos recién nacidos de entre cuatro y siete horas a los que se mostraron durante un tiempo relativamente prolongado (doce minutos) dos estímulos distintos (un cuadrado y un rostro hecho de plástico), manifestaron una aversión específica ante la imagen del rostro sin movimiento.

En un primer momento, el bebé se fijó antes en el rostro que en el cuadrado y luego apartó la vista de él y siguió fijándola constantemente en el cuadrado (Langher, Cecchini, Lai, Margozzi y Taeschner, 1998). Parecería que el recién nacido estuviera esperando que el rostro vocalizara y efectuara movimientos, pero como seguía inmóvil, las esperanzas quedaban frustradas y el pequeño evitaba mirarlo.

Puesto que el cuadrado no frustraba esperanza alguna, el bebé no evitaba mirarlo. Esto significaría que para él, el rostro lleva implícito un posible movimiento. Así se da por supuesto que los recién nacidos poseen la capacidad innata de reconocer lo que es un rostro humano y distinguirlo del que no lo es, pero también de discernir entre movimiento biológico y movimiento no biológico.

Conclusión

Aunque no sepamos con precisión lo que percibe el bebé en un rostro, vemos que está más dispuesto a reaccionar ante un rostro humano que ante otro objeto. A los bebés les gustan nuestros rostros, siempre que no permanezcan inmóviles.

¿Cuál es la conducta que hay que evitar? Plantarse junto a la cuna y observar al pequeño con aire impasible... ¡Es algo que no le gustará nada![1]

Para saber más

GOREN, C.C.; SARTY, M.; WU, P.Y.: «Visual Following and Pattern Discrimination of Face-Like Stimuli by Newborn Infants», en *Pediatrics*, 56 (4), 544-549, 1975.

JOHNSON, M.H.; DZIURAWIEC, S.; ELLIS, H.D.; MORTON, J.: «Newborns Preferential Tracking of Faces and its Subsequent Decline», en *Cognition*, 40, 1-20, 1991.

LANGHER, L.; CECCHINI, M.; LAI, C.; MARGOZZI, B.; TAESCHNER, T.: «Visual Behavior towards a Still Face at Birth», en *International Conference on Methods and Presented at the Techniques in Behavioral Research*, Groningen, 1998.

UMILTA, C.; SIMION, F.; VALENZA, E.: «Newborn's Preference for Faces», en *European Psychologist*, 1, 200-205, 1996.

SIMON, F.; VALENZA, E.; MACCHI CASSIA, V.; TURATI, C.; UMILTÀ, C.: «Newborns' Preference for up-down Asymmetrical Configurations», en *Developmental Science*, 5, 427-434, 2002.

---

1. Los bebés de seis semanas expresan un sentimiento de angustia cuando el adulto detiene bruscamente la comunicación y adopta un aire inmóvil (ejemplo, Gusella, J.L., Muir, D.W. y Tronick, E.Z.: «The Effect of Manipulating Maternal Behavior During and Interaction on 3- and 6-Month Olds' Affect and Attention», en *Child Development*, 59, 1111-1124, 1988).

13 ¿Qué sorprenderá más a nuestro bebé: una persona con tres brazos o una persona con tres ojos?
Percepción de rostros y cuerpos

¿Le parecería raro al bebé ver de la noche a la mañana que su padre tiene una pierna en la parte superior de la cabeza? Slaughter, Stone y Reed (2004), tres investigadores de las universidades de Queensland y de Denver, estudiaron a qué edad los bebés identificaban la forma y la estructura de los cuerpos y los rostros humanos.

Mostraron a unos bebés de entre doce y dieciocho meses cuatro imágenes de rostros y cuerpos humanos. Entre ellas, una de un rostro «típico» (es decir, un rostro normal) y otra en la que se habían desplazado los ojos, la nariz y la boca (la nariz por debajo de la boca, etc.).

En cuanto a las imágenes del cuerpo, una de ellas presentaba también un cuerpo «típico», mientras que en la otra se veía un cuerpo mezclado, es decir, con las extremidades desplazadas (por ejemplo, los brazos arrancaban de la cabeza).

Los psicólogos cronometraron el tiempo que pasaron los niños observando las cuatro imágenes y constataron lo siguiente:

— los más pequeños (doce meses) observaron durante el mismo tiempo la imagen del cuerpo alterado que la del cuerpo típico. En cambio, en cuanto se encontraron ante las

> dos imágenes de los rostros, pasaron más tiempo contemplando el rostro alterado, probablemente porque la imagen les pareció más sorprendente;
> — los mayores, por el contrario, diferenciaron las dos imágenes de los cuerpos y pasaron más tiempo observando la del cuerpo alterado que la del cuerpo típico. Lo que indica la sorpresa.

Conclusión

La experiencia indica que las «expectativas» de los bebés en cuanto a rostros humanos se desarrollan antes que en el campo de los cuerpos humanos. El bebé identifica antes la estructura ordinaria del rostro que la del cuerpo.

¿Por qué desarrollan este tipo de procesos? Quizás porque para ellos es fundamental identificar los rostros: para un bebé es básico reconocer la cara de quienes se ocupan de él. Es, pues, clave para la adaptación, es decir, vital, desarrollar importantes procesos de identificación sobre los rostros. Incluso, nosotros, los adultos, nos fijamos mucho en ellos.

El bebé aprenderá a reconocer con más rapidez la sonrisa de la madre o la mirada de admiración del padre que los cuerpos de éstos.

Para saber más

SLAUGHTER, V.; STONE, V.E.; REED C.L.: «Perception of Faces and Bodies: Similar or Different?», en *Current Directions and Psychological Science*, 13, 219-223, 2004.

14 ¿A qué edad se reconoce el bebé en un espejo o en una foto?
El desarrollo precoz de la identificación personal visual

Pintaremos con un poco de carmín la punta de la nariz del bebé sin que él se dé cuenta y lo pondremos frente a un espejo.

De esta manera se divirtieron tres investigadores para estudiar las reacciones de nuestros bebés (Courage, Edison y Howe, 2004).

Participaron en la experiencia 90 bebés (34 niños y 56 niñas) de entre quince y veintitrés meses. Una vez en el laboratorio, se colocó al bebé sobre una estera en el parquet. Se le dejó jugar durante unos minutos para que se familiarizara con el nuevo entorno. Durante este tiempo, uno de los investigadores tomaba una foto del rostro del pequeño con una Polaroid. Seguidamente, se sometía al bebé a dos pruebas distintas:

— la prueba de «la mancha roja» (que en realidad es azul): se colocaba ante el bebé, sentado en una butaca, un espejo en el que podía verse durante cinco minutos. A continuación se le retiraba el espejo. El acompañante limpiaba entonces la nariz del pequeño con un pañuelo al que se había aplicado un colorante azul inodoro (y, evidentemente, no tóxico). Tras un período de distracción de treinta segundos, se colocaba de nuevo el espejo ante el pequeño y los investigadores observaban sus reacciones durante noventa segundos. Si

> el bebé se tocaba la nariz se deducía que había identifica-
> do como suya la imagen del espejo;
> – la prueba de la foto: se presentaban tres veces a los peque-
> ños tres fotos de bebés de la misma edad (la suya). Se les
> animaba a encontrar su rostro en cada una de las series.
> Se les planteaba la pregunta siguiente: «¿Dónde está [el
> nombre del pequeño]?». Para evitar la posibilidad de una
> elección correcta por casualidad, el bebé tenía que hacer
> una identificación precisa como mínimo en dos de las tres
> pruebas. Los investigadores establecieron como medidas de
> reconocimiento un tiempo de observación más largo que
> otro, la dirección de la mano hacía la foto o bien la expre-
> sión del nombre correcto por parte del bebé.

Los resultados demostraron que frente al espejo la media de edad de reconocimiento estricto de sí mismo se daba a los diecisiete meses. A esta edad, el pequeño se tocaba la nariz. Pero se vio también que a los dieciséis meses, un bebé que se encontraba frente a un espejo con esa fea mancha en la cara se comportaba de forma poco habitual (mirada fija como mínimo durante diez segundos sin movimiento del cuerpo, turbación, sorpresa o pesar, aunque independiente-mente de conductas dirigidas). A los dieciocho meses y medio, él se convertía en un auténtico «experto» en la percep-ción de sí mismo: se tocaba la nariz después de haberse visto en el espejo.

En cuanto a las fotos, la media de edad de reconocimiento del rostro por parte del pequeño fue de dieciocho meses y medio.

Conclusión

El bebé se reconocerá antes en un espejo que en una foto. Los más pequeños experimentan una mayor dificultad para identificarse en una foto, probablemente porque no existe movimiento en las imágenes. Sea como fuere, esta experiencia demuestra que la identificación de la persona se efectúa de forma progresiva y no brusca, y durante el segundo año de vida.

Hay que relacionar estos trabajos con la amnesia de los primeros años de vida de la persona.[1] En efecto, los recuerdos autobiográficos no empiezan hasta que aparece el concepto del yo. Por consiguiente, ¿cómo podría acordarme de algo relacionado conmigo sucedido antes de que tomara consciencia del yo, es decir, como mínimo hacia los dieciocho meses?

Para saber más

COURAGE, M.L.; EDISON, S.C.; HOWE, M.L.: «Variability in the Early Development of Visual Self-Recognition», en *Infant Behavior et Development*, 27, 509-532, 2004.

HOWE, M.L.; COURAGE, M.L.; EDISON, S.C.: «When Autobiographical Memory Begins», en *Developmental Review*, 23, 471-494, 2003.

---

1. Ningún adulto puede recordar algo antes de los dos años (Howe, Courage y Edison, 1994); por supuesto, conservamos el recuerdo de los *conocimientos procedurales* anteriores a esta época (como usar un tenedor o llevarse un objeto a la boca...), así como *la memoria semántica* (los nombres de las cosas: «tenedor»...), pero nada relacionado con la *memoria autobiográfica* (como el día en que tuve por primera vez un tenedor en la mano).

15 ¿El recién nacido prefiere nuestra voz o la de una desconocida?

Reconocimiento de la voz materna por parte del recién nacido y del feto

A la joven madre le gusta imaginar que el bebé que acaba de nacer está ya unido a ella y que reconoce e incluso prefiere la voz de su mamá frente a la de la enfermera. Pero ¿es realmente así? ¿Pueden aportarnos luz al respecto los estudios sobre bebés?

Hace más de veinte años, unos psicólogos muy imaginativos hicieron una de las experiencias más sorprendentes llevadas a cabo con una serie de recién nacidos (De Casper y Fifer, 1980).

Dichos investigadores pidieron a 10 madres que acababan de dar a luz que leyeran un texto de veinticinco minutos para registrar su voz en una grabadora.

Los participantes de la experiencia eran los bebés (cinco niños y cinco niñas) de estas mujeres. Se colocaron auriculares en las orejas de los bebés y se les puso una tetina en la boca. Esta tetina estaba conectada a un aparato que permitía poner en funcionamiento la grabadora.

Los bebés, que tenían tan sólo tres días, escucharon la voz de su madre y luego la de una madre desconocida o viceversa. Se observó su reacción de succión mientras oían la cinta que podían accionar.

Lo sorprendente fue que en general los recién nacidos modificaron el ritmo de succión (lo aceleraron o frenaron) de forma que pudieran oír con más frecuencia la voz de la madre que la de la desconocida.

Esta experiencia demostró que el bebé no sólo prefería y reconocía la voz de su madre frente a la de una desconocida, sino que además era capaz de aprender a reproducir la voz de su madre y también de hacerlo más a menudo.

En cambio, las experiencias llevadas a cabo con las voces de los padres no pusieron de manifiesto nada parecido (De Casper y Prescott, 1984). Los recién nacidos y, lo que es peor, los bebés de hasta cuatro meses, no reconocen la voz de su padre (Ward y Cooper, 1999).

¿Y por qué?

Pues es posible que la experiencia prenatal influya de forma significativa en las preferencias respecto a la voz de los recién nacidos. En principio, el feto oye más la voz de la madre que la del padre. De ahí una preferencia más marcada hacia la voz de la madre. Esto es, por otra parte, lo que ha demostrado recientemente la experiencia que describimos a continuación (Kisilevsky, Hains, Lee, Xie, Huang, Ye, Zhang y Wang, 2003). Este estudio tenía como objetivo la evaluación de la capacidad del feto humano para identificar la voz de su propia madre.

Se seleccionaron para la experiencia 60 fetos (de una media de treinta y nueve semanas). La mitad (n = 30) oyeron una grabación de la voz de su madre leyendo un poema durante diez mi-

nutos. A los 30 restantes les leyó el poema una desconocida. Difundía la grabación un altavoz situado unos diez centímetros por encima del vientre de la madre (95dB).

Los investigadores registraron la frecuencia cardíaca de los fetos durante la sesión. Se fijaron en que dicha frecuencia aumentaba en presencia de la voz de la madre y disminuía con la voz desconocida (ver figura 5). Según los investigadores, la aceleración del ritmo cardíaco se debería al hecho de que el bebé se emociona al oír la voz de su madre. El estudio demuestra que el bebé distingue perfectamente entre la voz de su madre y la de una desconocida incluso antes de nacer.

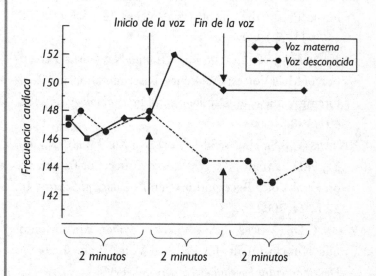

Figura 5. Frecuencia cardíaca media de los fetos en espacios de dos minutos en función del estímulo (voz materna frente a voz desconocida).

Conclusión

Ahora podemos afirmarlo: el feto posee la increíble capacidad de reconocer, responder a la voz de la madre y preferirla frente al resto mucho antes del nacimiento.

Así, deberíamos hablar mucho con nuestro bebé antes de que éste nazca y también una vez que ya haya nacido, pues las investigaciones indican que aprecia especialmente nuestra voz.

Para saber más

DE CASPER, A.J.; FIFER, W.P.: «Of Human Bonding: Newborns Prefer their Mothers' Voices», en *Science*, 208, 1174-1176, 1980.

DE CASPER, A.J.; PRESCOTT, P.: «Human Newborns' Perception of Male Voices: Preference, Discrimination and Reinforcing Value», en *Developmental Psychobiology*, 17, 481-491, 1984.

KISILEVSKY, B.S.; HAINS, S.M.J.; LEE, K.; XIE, X.; HUANG, H.; YE, H.H.; ZHANG, K.; WANG, Z.: «Effects of Experience on Fetal Voice Recognition», en *Psycological Science*, 14, 220-224, 2003.

WARD, C.D.; COOPER, R.P.: «A Lack of Evidence in 4-Month-Old Human Infants for Paternal Voice Preference», en *Developmental Psychology*, 35, 49-59, 1999.

16 ¿Hay que apagar la tele cuando leemos un cuento al bebé?
La sensibilidad del bebé respecto a los ruidos de fondo

Si fuéramos un bebé, ¿cómo oiríamos el mundo que nos rodea? En el mundo real, tenemos que hacer frente a una gran variedad de ruidos. El cerebro del adulto incorpora todos los sonidos que percibe, los separa y localiza el lugar del que provienen. En definitiva, el cerebro únicamente se centra en lo que quiere oír (ver «Effet Coktail Party»[1]). ¿Los bebés perciben de forma distinta el entorno en el campo sonoro?

Hoy en día, los investigadores saben que el bebé nace con un sentido del oído que funciona correctamente y que durante la infancia mejora claramente su sensibilidad respecto a sonidos y ruidos. La mejora sigue hasta la edad de diez años, en la que el oído del niño puede compararse al del adulto.

Para comprender mejor cómo oyen los bebés, Werner y Boike (2001) estudiaron el comportamiento de 73 bebés de entre siete y nueve meses y de 40 adultos de entre dieciocho y treinta años. Todos los participantes tenían un oído normal. Se les expuso de forma individual durante cuatro fracciones de segundo a un ruido de amplio espectro generado por ordenador (1.000 hercios) y a otro sonido parecido, con la tonalidad del teléfono (también

---

1. S. Ciccotti, *150 petites expériences de psychologie pour mieux comprendre nos semblables, op. cit.,* p. 26

1.000 hercios).[2] En alguna ocasión se emitían los sonidos por separado, en otras quedaban desdibujados por un ruido de fondo. Se proyectaron con distintos niveles de volumen para comprobar si todos los participantes eran capaces de detectarlos. Los participantes oían los sonidos a través de unos auriculares colocados en la oreja derecha.

El ordenador producía los cuatro tipos de estímulo de forma aleatoria, ahora un sonido, ahora otro, con y sin ruido de fondo. Los niños permanecían sentados junto a su madre en una cabina, mientras uno de los investigadores mantenía al pequeño atento animando unos juguetes silenciosos en la mesa que tenía delante. Tanto el investigador como la madre llevaban casco, a fin de evitar oír los sonidos dirigidos al bebé. Otro investigador observaba a los niños desde fuera de la cabina. Se fijaba en si el bebé se volvía hacia el ruido, cambiaba su nivel de actividad o su expresión facial de forma importante o si miraba a la madre cuando recibía el estímulo sonoro.

Se realizó una prueba parecida a los adultos, aunque colocados de forma individual en la cabina. Tenían que levantar la mano cuando percibían un ruido.

Los resultados demostraron que, como término medio, los bebés detectaban mejor el ruido que las tonalidades. En cuanto a las pruebas encubiertas, la diferencia de detección entre bebé y adulto se sitúa en 14 decibelios para el ruido y en siete decibelios para la tonalidad (ver figura 6). Con los sonidos puros, la diferencia

---

2. Las frecuencias de 1.000 hercios o ciclos/segundo (c/s) son las frecuencias más utilizadas aparte de la palabra. En esta experiencia, la «tonalidad» es más próxima al sonido de la palabra y posee una banda de paso más estrecha que el ruido de fondo.

entre bebé y adulto fue de seis decibelios en la tonalidad y de cinco en el ruido.

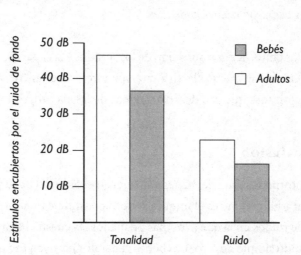

Figura 6. Nivel de detección en función del estímulo en la prueba encubierta por el ruido de fondo.

Al bebé le cuesta más que al adulto reconocer el sonido de la tonalidad cuando ésta queda ahogada por el ruido de fondo. Así, aquél tiende a oír simultáneamente todas las frecuencias.

Otra investigación estudió la capacidad del bebé a la hora de identificar su nombre ahogado en un ruido de fondo (Newman, 2005).

En esta serie de experiencias, unos bebés de cinco, nueve y trece meses tenían que oír nombres (el suyo y otros que no les resultaban familiares) en medio de otras voces. Los de entre cinco y nueve meses percibieron tan sólo su nombre cuando la voz que lo

*pronunciaba superaba en 10 decibelios el ruido de fondo. En cam-
bio, los de trece meses lo consiguieron con la mitad de decibelios,
es decir, una diferencia de cinco.[3]*

Por tanto, la discriminación de los sonidos y la capacidad de
localizar de manera selectiva una voz interesante entre otras
son aptitudes que van desarrollándose de forma progresiva.

Conclusión

El entorno resuena de manera distinta en el oído del bebé y en
el del adulto. A veces el mundo sonoro constituye una cacofonía de ruidos en la que a los más pequeños les cuesta distinguir
un ruido simple de otro. Los bebés generalizan y oyen todas las
frecuencias de forma simultánea. No debe sorprendernos, pues,
que nuestro angelito responda a unos ruidos inesperados.

Nosotros, los adultos, poseemos una atención selectiva
que se inclina habitualmente por una banda estrecha de ruido. Ello nos permite concentrarnos en una conversación sin
tener en cuenta los ruidos de alrededor. Los adultos pueden
comprender una lengua y reconocer sonidos incluso en un
ambiente ruidoso. Los bebés, en cambio, utilizan un plantea-
miento distinto. Parece que están constantemente a la escucha de una banda ancha en la que suenan simultáneamente
todas las frecuencias. Para ellos, los ruidos de fondo están
más presentes de lo que podríamos imaginar.

---

3. La escala de los decibelios es logarítmica. Así, tres decibelios de más co-
rresponde a una duplicación del nivel sonoro, y 10 lo multiplican por 10.

Según los investigadores, el bebé estaría programado de esta forma desde hace miles de años. En efecto, cuando nuestros antepasados circulaban por las inmensas llanuras del Serengueti en el África oriental les resultaba vital oír todos los ruidos de una naturaleza hostil, a fin de situar rápidamente cualquier peligro (movimiento de hojas, sonidos fuertes del paso de un depredador de envergadura u otros ruidos más sordos, como el paso de un felino, etc.). Así, el bebé podría reaccionar ante ruidos inesperados. En nuestra sociedad moderna, esta ventaja se ha convertido en un inconveniente para el pequeño. Tendrán que pasar diez años antes de que aprenda a no hacer caso al ruido de fondo para oír por fin lo mismo que los adultos, que han aprendido a filtrar el ruido tonal en medio del ruido de fondo.

¿Qué hay que retener de estas experiencias en el campo de la práctica?

Pues habrá que apagar el televisor o la radio cuando leamos un cuento al bebé o nos dirijamos a él, ya que le costaría mucho distinguir nuestra voz en esta cacofonía. Además, ya que una investigación reciente ha puesto de relieve que los niños de entre uno y dos años pasan más tiempo ante el televisor que los demás, será el pequeño el que experimentará más dificultades de atención a los siete años. Otra justificación para limitar (sin prohibir del todo) este medio de comunicación a los más pequeños de la casa.

Para saber más

CHRISTAKIS, D.A.; ZIMMERMAN, F.J.; DiGIUSEPPE, D.L.; McCARTY C.A.: «Early Television Exposure and Subsequent Attentional. Problems in Children», en *Pediatrics*, 113, 708-713, 2004.

NEWMAN, R.S.: «The Cocktail Party Effect in Infants Revisited: Listening to One's Name in Noise», en *Developmental Psychology*, 41 (2), 352-362, 2005.

WERNER, L.A.; BOIKE, K.: «Infants' Sensitivity to Broadband Noise», en *Journal of the Acoustical*, 2001.

17 ¿Se esconde un pequeño Mozart en el interior de nuestro bebé?
La memoria del bebé respecto a las experiencias musicales

Cuando cantamos una nana al bebé, ¿podemos saber si se acordará al cabo de unos días? Pues la respuesta es sí, y no forzosamente porque lo hagamos mal.

Saffran, Loman y Robertson (2000) demostraron en un estudio que los bebés de siete meses sí recuerdan sus experiencias musicales.

Pidieron a los padres de 11 bebés de siete meses que les pusieran cada día durante dos semanas dos movimientos de una sonata de Mozart.[1] Después de un intervalo de quince días sin es-

---

1. El procedimiento utilizado para comprobar hasta qué punto el pequeño escucha es el siguiente: se enciende una luz en la pared frente al

cuchar las sonatas, los investigadores llevaron a los bebés al laboratorio y les hicieron oír unos pasajes de la música con la que estaban familiarizados y otros de una música parecida, pero que no habían oído nunca.

Oto grupo (control) de 14 bebés de la misma edad sólo participó en esta segunda fase de la prueba.

Los resultados demostraron que los bebés habían distinguido perfectamente las sonatas que conocían y las que no. Se llegó a esta conclusión al compararlos con los del grupo de control, que no hicieron ninguna distinción entre las distintas melodías.

Los investigadores quedaron sorprendidos, en cambio, al constatar que los bebés no escuchaban tanto las sonatas con las que se habían familiarizado durante quince días como las nuevas. Estas últimas habían captado mucho más su atención.

La explicación: en realidad sabemos desde hace mucho que los estímulos que se han codificado o a los que se han expuesto con demasiada asiduidad pierden interés para el bebé (Aslin, 2000; Hunter y Ames, 1988; Rose, Gottfried, Melloy-Carminar y

bebé. En cuanto el pequeño se percata de dicha luz se inicia el experimento. Se apaga la luz y empieza a parpadear una bombilla situada en la pared que queda a la derecha o en la que queda a la izquierda del bebé. Un observador (escondido) pone la música en el momento en que el bebé lleva a cabo una rotación de la cabeza de unos 30 grados en la dirección de la bombilla que parpadea. En este momento empieza a oírse la música a través del altavoz situado por encima de la luz. Cuando el bebé pasa más de dos segundos sin mantener la cabeza vuelta hacia la luz, la música se para. Entonces puede calcularse el tiempo que ha pasado mirando la bombilla (el tiempo en que ha estado «escuchando»). Vuelve a encenderse luego la luz central y se inicia una segunda prueba.

Bridger, 1982). Tal vez los bebés se cansaron de oír siempre la misma melodía y prefirieron la nueva. A pesar de todo, esta experiencia demuestra que en la memoria de los bebés de siete meses se depositan a largo plazo los fragmentos musicales oídos anteriormente.

Conclusión

Estos resultados muestran que los niños de corta edad poseen la misma capacidad de memoria para la música que para la lengua. En efecto, posteriormente veremos que los lactantes son capaces de recordar quince días después las palabras de los cuentos que se les han contado (ver página 175, Jusczyk y Hohne, 1997).

Así pues, el bebé se muestra muy receptivo ante la música. Lo confirman también otros estudios (Trainor, Wu y Tsang, 2004), que han demostrado que los bebés de seis meses recuerdan el ritmo y el timbre de los instrumentos (arpa, piano). Otros han revelado que los bebés de cuatro meses se inclinaban más por la música armónica que por la disonante y que se les veía menos agitados con la primera que con la segunda (Zentner y Kagan, 1998). No se equivocan, pues, quienes dicen que cada bebé lleva dentro a un pequeño Mozart durmiente.

Lo que hay que tener en cuenta, sin embargo, es que hay que cambiar el disco de vez en cuando. El bebé (como el adulto, por otra parte) se cansa de oír siempre la misma canción... Y eso es lo que también pone de relieve la prueba realizada.

Para saber más

ASLIN, R.N.: *Interpretation of Infant Listening Times Using the Headturn Preference Technique*, informe presentado en la International Conference on Infancy Studies, Brighton, Inglaterra, 2000.

HUNTER, M.A.; AMES, E.W.: «A Multifactor Model of Infant Preferences for Novel and Familiar Stimuli», en *Advances in Infancy Research*, 5, 69-95, 1988.

ROSE, S.A., GOTTFRIED, A.W.; MELLOY-CARMINAR, P.; BRIDGER, W.H.: «Familiarity and Novelty Preferences in Infant Recognition Memory: Implications for Information Processing», en *Developmental Psychology*, 18, 704-713, 1982.

SAFFRAN, J.R.; LOMAN, M.M.; ROBERTSON, R.R.W.: «Infant Memory for Musical Experiences», en *Cognition*, 77, 15-23, 2000.

TRAINOR, L.J.; WU, L.; TSANG, C.: «Long-Term Memory for Music: Infants Remember Tempo and Timbre», en *Developmental Science*, 7, 289-296, 2004.

ZENTNER, M.R.; KAGAN, J.: «Infants' Perception of Consonance and Dissonance in Music», en *Infant Behavior and Development*, 21, 483-492, 1998.

18 ¿Qué atrae más al bebé, la voz de la madre o su rostro?

Influencia de los signos vocales y las señales faciales de la madre en el comportamiento del bebé

Si lo que deseamos es que nuestro bebé se acerque a nosotros a gatas, ¿qué situación influirá más en su conducta? ¿El simple hecho de vernos? ¿O bien oír nuestra voz sin que nos vea, ya que nos hemos escondido detrás de la puerta?

Para responder a esta pregunta, Vaish y Striano (2004) llevaron a cabo una prueba.

> Si bien se convocó a 89 bebés de doce meses para participar en el estudio, se llevó a cabo sólo con 45[1] (24 niñas y 21 niños).
>
> El bebé permanecía sentado en el suelo, a 20 centímetros de un hoyo de 28 centímetros de profundidad cuyo fondo era de plexiglás. ¿Cuál era el objetivo para el bebé? Llegar hasta su madre cruzando el hoyo (una situación que podía entrañar un cierto peligro).
>
> Los investigadores imaginaron tres situaciones distintas (ver figura 7):

---

1. Ya sea porque algunas madres no siguieron las instrucciones de quien llevaba a cabo la prueba, por problemas técnicos o porque determinados bebés empezaron antes de que estuviera a punto el director del experimento.

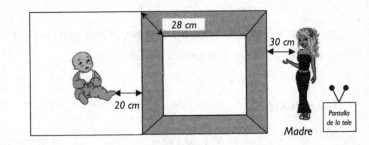

Figura 7

— situación «cara y voz»: la madre tenía que estar frente al bebé al otro lado del hoyo, sonriendo y hablando al pequeño;

— situación «sólo cara»: la madre estaba frente al hoyo y se limitaba a sonreír;

— situación «sólo voz»: la madre daba la espalda al bebé y miraba a un monitor de televisión. En esta situación hablaba a su bebé.

Los investigadores midieron el tiempo empleado por los pequeños para salvar el hoyo.

Estos fueron los resultados:

— en la situación «cara y voz», los bebés tardaron una media de 50 segundos en llegar hasta su madre;

— en la situación «sólo voz», el tiempo registrado fue de un minuto y medio;

— finalmente, en la situación «sólo cara», los bebés emplearon más de tres minutos en superar el hoyo.

No es de extrañar que el tiempo se acorte cuando la madre está situada frente al bebé, le sonríe y le habla. En cambio, algo que podría ir en contra de los tópicos, parece que la voz de la madre le resulta más atractiva que su rostro.

Conclusión

¿Por qué el bebé se muestra más sensible a las señales vocales de la madre que a las visuales? De entrada, hay que aclarar que se producen los mismos resultados en muchas especies animales (Cheney y Seyfarth, 1985). Por lo que parece, la evolución ha querido conservar esta competencia. Efectivamente, la sensibilidad frente a las señales vocales permite intercambiar informaciones en contextos en los que no puede utilizarse la comunicación a través del rostro (por ejemplo, cuando la madre no está visible).

Es, por otra parte, lo que afirma una nueva teoría propuesta por un antropólogo (Falk, 2004). Ésta apunta que la vocalización dirigida al bebé es una técnica de comunicación que elaboraron las madres cuando empezaron a trabajar en los campos y no podían mantener contacto visual con sus hijos. Según esta teoría, el llanto del bebé humano podría tener el mismo origen: gracias a él, el bebé habría empezado a indicar a su madre, situada excesivamente lejos, su necesidad de restablecer el contacto físico. En resumen, ¡que el aislamiento duraba demasiado!

Para saber más

CHENEY, D.L.; SEYFARTH, R.M.: «Vervet Monkey Alarm Calls: Manipulation through Shared Information?», en *Behaviour*, 94, 150-166, 1985.

FALK D.: «Prelinguistic Evolution in Early Hominins: Whence Motherese?», en *Behavioral and Brain Science*, 27, 491-541, 2004.

VAISH A.; STRIANO T.: «Is Visual Reference Necessary? Vocal *versus* Facial Cues in Social Referencing», en *Developmental Science*, 7, 261-269, 2004.

19 ¿Qué prefiere nuestro bebé: que le cantemos *Había una vez un barquito chiquitito* o bien oír el último *hit* de la radio?
La inclinación del bebé por las canciones que se dirigen a él

Estamos en el cuarto de baño y oímos una canción en nuestra emisora preferida. Tenemos al bebé a nuestro lado. ¿Le gusta? Quizás... ¿Preferiría que le cantáramos *Dónde está el lobo feroz*? Por supuesto.

Ya en 1996, un investigador llamado Trainor descubrió que las madres no cantaban de la misma forma cuando se dirigían a su bebé.

En una prueba, Trainor (1996) grabó a 15 madres mientras cantaban una canción o una nana a su bebé de entre cuatro y siete meses. También les hizo cantar la misma canción sin estar el bebé delante. Trainor dio a escuchar las grabaciones a unos adultos. Les preguntó si creían que las canciones iban dirigidas a un bebé o no. Los adultos no tuvieron problema a la hora de decidir si el bebé estaba presente. Un análisis acústico demostró, efectivamente, que cuando las madres cantaban para su bebé, el tempo era más lento, las pausas entre las frases, más largas, y el tono de voz, más agudo que cuando no se dirigían al hijo.

Cuando la madre canta una nana al bebé modifica su estilo de canto, de la misma forma que cambia la forma de expresarse cuando le habla (ver páginas 33 y 38).

Trainor (1996) demuestra asimismo que los bebés de entre cuatro y siete meses prefieren las canciones que les cantamos directamente a ellos que las mismas tatareadas en su ausencia.

Este investigador comprobó la preferencia de los bebés por las nanas cantadas por las madres en su presencia respecto a las mismas canciones grabadas en su ausencia. Se sometió a los pequeños a un proceso de fijación de mirada (ver páginas 217-219). En las 12 canciones que se les hizo escuchar, Trainor observó que los pequeños habían preferido cinco de las seis nanas dirigidas a ellos frente a las seis restantes.

Pero ¿a partir de qué edad el bebé prefiere oír que la madre le canta una canción y no la misma tatareada por ella frente al espejo? Nos proporciona la respuesta una psicóloga de la Universidad de Kyoto, quien demostró que los bebés que tienen sólo unos días de vida también muestran esta preferencia.

Masataka (1999) evaluó las preferencias en cuanto a distintos tipos de canción de 15 bebés japoneses que contaban tan sólo dos días.

Los padres de dichos bebés padecían sordera congénita y únicamente se comunicaban a través del lenguaje de signos. Por consiguiente, los pequeños prácticamente no oyeron voces o canciones mientras permanecieron en el útero materno.

Por medio de un procedimiento basado en la fijación de la mirada,[1] esta psicóloga hizo que los recién nacidos oyeran unas grabaciones de canciones cantadas anteriormente por 10 madres japonesas y 10 madres inglesas delante de su bebé, y la misma canción cantada por las mismas madres frente a un adulto. Se trataba de nanas japonesas y de nanas inglesas.

Los resultados demostraron que los bebés prefieren la canción dirigida a ellos. Veintitrés segundos de atención en las grabaciones hechas ante bebés y 15 en las mismas canciones grabadas delante de adultos.

Conclusión

Esta experiencia demuestra que el bebé se inclina por las canciones que se dirigen directamente a él y no por las que puede oír a través de la tele o la radio. Al parecer, se trata de preferen-

---

1. Durante la canción se enciende una luz delante del bebé. No queda más que cronometrar cuánto tiempo se fija el pequeño en la bombilla. Cuanto mayor sea este tiempo, mayor es el interés del pequeño por el sonido que oye.

cias innatas, puesto que aparecen con independencia de cual sea la lengua materna e incluso en hijos de padres sordos.

¿Por qué los recién nacidos establecen una diferencia tan importante entre las nanas que se les cantan a ellos y las que no? Sin duda porque cuando nos dirigimos al bebé lo hacemos de forma más rítmica, más repetitiva y emocionalmente más expresiva.

Finalmente, podemos estar seguros de que nuestro bebé preferirá que le cantemos la canción de los cinco lobitos a oír la melodía de nuestro grupo preferido en la tele.

Para ir más lejos

MASATAKA, N.: «Preference for Infant-Directed Singing in 2-Day-Old Hearing Infants of Deaf Parents», en *Developmental Psychobiology*, 35 (4), 1001-1005, 1999.

20 ¿Qué interesa más al bebé: que su madre le hable o que le cante una canción?
Respuesta del bebé a la palabra y al canto materno o paterno

Alguna razón habrán tenido las madres de todos los tiempos para cantar nanas a sus bebés. La primera que se nos ocurre es la de que calma al lactante.

Efectivamente, una investigación reciente demuestra que el bebé permanece más atento cuando su madre le canta una canción que cuando le habla.

> Se mostraron a unos bebés de seis meses unos vídeos en los que su madre les hablaba o les cantaba una canción (Nakata y Trehub, 2004). Los psicólogos cronometraron el tiempo durante el que el bebé prestaba atención a cada una de las cintas.
>
> Los resultados demostraron que los bebés habían observado durante más tiempo a su madre cuando les cantaba una canción que cuando les hablaba. También se vio que reducían los movimientos corporales mientras oían la canción.

Es probable que la repetición de palabras y el ritmo más regular de la melodía fomenten unos moderados niveles de alerta y de atención en el pequeño, frente a la mayor variabilidad de la palabra.

En otro estudio lo que se investigó fue el nivel de cortisol[1] presente en la saliva del bebé.

---

1. ¿Qué es el cortisol? Una hormona que, además de actuar en el campo del estrés, provoca la fluctuación de la atención. Sus niveles, por ejemplo, son bastante bajos a primera hora de la tarde, a la hora de la siesta. Quienes presentan un nivel de cortisol excesivo en sangre están estresados, incluso deprimidos. Quienes no registran un nivel suficiente «están como ausentes». Se ha estudiado asimismo la función de esta hormona en el campo de la cognición (por ejemplo, Lupien, S.L.; Wilkinson, C.W.; Brière, S.; Menard, C., Ng Yin Kin, N.M.K.; Nair, N.P.V.: «The Modulatory Effects of Corticosteroids on Cognition: Studies in Young Human Populations», en *Psychoneuroendocrynology*, 27, 401-16, 2002).

Serge Ciccotti

Sheffield, Trehub y Nakata (2003) llevaron acabo un estudio sobre el análisis de unas muestras de saliva de bebés de seis meses, antes y después de que su madre les cantara una canción durante diez minutos.

Los niveles de cortisol variaron de forma significativa e inversamente proporcional al nivel inicial. Esto indica claramente que los lactantes que poseían un nivel de cortisol inicial elevado experimentaron un descenso de éste después del canto, mientras que los que presentaban un índice reducido, por el contrario, registraron una aumento del cortisol.

Así pues, podría afirmarse que el canto serviría como regulador de atención y disminuiría el estado de alerta en un bebé con cierta tensión (el que presenta un nivel de cortisol elevado). O viceversa, aumentaría el estado de vigilancia en un bebé que momentáneamente estuviera algo apático.

¿Y los padres? ¿Sus cantos también tienen efectos sobre el comportamiento de sus bebés?

Se pidió permiso a los padres de los citados bebés para grabarlos mientras cantaban una canción a sus hijos. Se les grabó de nuevo en ausencia de los pequeños (O'Neill, Trainor y Trehub, 2001). Se pidió a otros adultos que hicieran una valoración de los dos tipos de grabación y éstos, sin saberlo, afirmaron que las que se cantaron en presencia del bebé eran más cariñosas, más rítmicas y más apropiadas que las que no se dirigían expresamente a los lactantes.

Sin embargo, los bebés no centraron más su atención en unas canciones que en otras. En cambio, ya que también se habían grabado canciones de las madres, se pudo comparar el interés de los bebés ante las canciones de mamá y papá. Y la sor-

presa fue que los bebés presentaron más atención visual al oír cantar al padre que a la madre.

Conclusión

Independientemente de si cantamos al bebé por amor, para estimularlo, ayudarle a dormir o porque tolera mejor que lo movamos en todos los sentidos al cambiarle, podemos estar seguros de que el canto le hará efecto.

Las canciones tienen consecuencias positivas en las conductas del bebé, en especial en el nivel de alerta, inducción al sueño, reducción del llanto y aumento de afectos positivos. También refuerzan el vínculo entre la madre y el hijo y proporcionando felicidad al bebé.

Las investigaciones dan fe de que los padres no deben privarse de cantar a sus pequeños.

Para ir más lejos

NAKATA, T.; TREHUB, S.E.: «Infants' Responsiveness to Maternal Speech and Singing», en *Infant Behavior and Development*, 27 (4), 455-464, 2004.

O'NEILL, C.T.M; TRAINOR, L.J.; TREHUB, S.E.: «Infants' Responsiveness to Fathers' Singing», en *Music Perception*, 18 (4), 409-425, 2001.

SHENFIELD, T.; TREHUB, S.E.; NAKATA, T.: «Maternal Singing Modulates Infant Arousal», en *Psychology of Music*, 31, 365-375, 2003.

Serge Ciccotti

21 Antes de tomar el primer biberón de su vida, ¿el bebé sabe lo que tiene un sabor agradable?
Expresiones faciales del recién nacido ante distintos sabores

A menudo oímos decir que los recién nacidos no tienen el gusto tan preciso como los adultos. También nos preguntamos si el recién nacido establece diferencias entre lo dulce, lo salado, lo amargo y lo ácido. Pero ¿estamos seguros de ello?

Se han llevado a cabo muchos estudios con el objeto de determinar si los bebés eran instintivamente capaces de diferenciar.

En uno de los estudios, Rosenstein y Oster (1988) pusieron alternativamente en la boca de 12 recién nacidos, a las dos horas del parto, azúcar, cloruro sódico (sal), ácido cítrico y clorhidrato de quinina (amargo). Luego observaron y filmaron las expresiones faciales de los bebés en contacto con las cuatro sustancias.

Con el azúcar, los rostros permanecían tranquilos y relajados y hacían el gesto de chupar. En cambio, las respuestas a las soluciones saladas, ácidas y amargas fueron expresiones emocionales negativas:

— como respuesta al sabor ácido, apretaban los labios;
— como respuesta al sabor amargo, entreabrían la boca;
— no mostraban una expresión facial concreta ante el cloruro sódico (sal).

> *Otro investigador (Steiner, 1973, 1977, 1979, 1983) demos-*
> *tró con el mismo tipo de prueba que el azúcar generaba movi-*
> *mientos bruscos y ruidosos de la lengua, relajación de los múscu-*
> *los del rostro y, a veces, sonrisas. La quinina inducía muecas con*
> *la boca abierta (el bebé torcía los labios y arrugaba la frente y*
> *los músculos de alrededor de los ojos y la nariz). También agita-*
> *ba las manos y los brazos, presentaba a veces leves sacudidas y*
> *apartaba la cabeza. Con el ácido, Steiner observó reacciones in-*
> *termedias entre los dos extremos anteriores.*
>
> *Se subrayó que la capacidad de detectar la sal se desarrolla*
> *después del nacimiento. En efecto, no hay respuesta facial ante lo*
> *salado hasta aproximadamente los cuatro meses (Beauchamp,*
> *Cowart, Moran, 1986).*

Conclusión

Aunque no hayan tenido ninguna experiencia anterior en cuanto al gusto (salvo la ingesta prenatal del líquido amnió-tico), los recién nacidos establecen perfectamente la diferen-cia entre lo amargo, lo dulce y lo ácido. Cada uno de estos tres sabores conlleva reacciones faciales distintas. Pero ¿podemos interpretar estas reacciones como sensación de placer o de asco? Evidentemente, sí.

Por otra parte, el bebé chupa con más fruición el agua con un poquitín de azúcar que el agua sola (Tatzer, Schubert, Ti-mischl, Simbrunger, 1985).

Así pues, le gusta el azúcar. Como ocurre con el adulto, las reacciones de conducta ante el sabor indican en cierta medida hasta qué punto el bebé disfruta con una sustancia o si la detesta.

Es posible que estos cambios faciales tengan un origen funcional: podrían tener un valor de comunicación hacia la madre (el «preferiría comer otra cosa»). En cuanto a la inclinación del bebé por determinados sabores, puede estar sujeta a la adaptación. En efecto, la preferencia innata por lo dulce podría ser el resultado de una evolución en la detección e identificación de fuentes de alimento con posibilidad de contener un alto grado calórico. De la misma forma, el rechazo de lo amargo y lo ácido indicaría una presión selectiva tendente a evitar un tipo de comida que a menudo no es comestible, que incluso puede resultar tóxica. Cuando los niños de corta edad rechazan alimentos amargos, como determinadas verduras u hortalizas (endivias, alcachofas, coliflor...), los padres no deben rendirse. Hay que presentar dichos alimentos bajo distintas formas para conseguir que se toleren e incluso se aprecien.

Afortunadamente, la atracción por el azúcar y los líquidos disminuye con la edad (aunque...) y los pequeños aprenden a adaptarse a las normas culturales y a diversificar su alimentación. Algo positivo en el ámbito de la gastronomía y la salud.

Un pequeño consejo para terminar: observemos bien la cara del bebé cuando cambiemos su alimentación, podremos deducir muchas cosas.

Para saber más

BEAUCHAMP, G.K.; COWART, B.J.; MORAN, M.: «Developmental Changes in Salt Acceptability in Human Infants», en *Developmental Psychobiology*, 19, 7-25, 1986.

GANCHROW, J.R.; STEINER, J.E.; DAHER, M.: «Neonatal Facial Expressions in Response to Different Qualities and Intensities of Gustatory Stimuli», en *Infant Behavior and Development*, 6, 189-20, 1983.

ROSENSTEIN, D.; OSTER, H.: «Differential Facial Responses to Four Basic Tastes in Newborns», en *Child Development*, 59, 1555-1568, 1988.

STEINER, J.E.: «The Gustofacial Response: Observation on Normal and Anencephalic Newborn Infants», en BOSMA, J.F. (ed.), *Fourth Symposinm an Oral Sensation and Perception*, Bethesda, Md., US Department of Health, Education and Welfare, 1973.

STEINER, J.E.: «Facial Expressions of the Neonate Infant Indicate the Hedonics of Food-Related Chemical Stimuli», en WEIFFENBACH, J.M. (ed.), *Taste and Development: The Genesis of Sweet Preference*, Washington DC, US Government Printing Office, 1977.

STEINER, J.E.: «Human Facial Expressions in Response to Taste and Smell Stimulation», en *Advances in Child Developmental Behavior*, 13, 257-295, 1979.

TATZER, E.; SCHUBERT, M.T.; TIMISCHL, W.; SIMBRUNGER, G.: «Discrimination of Taste and Preference for Sweet in Premature Babies», en *Early Human Development*, 12, 23-30, 1985.

22 ¿Nuestro recién nacido prefiere leche materna o leche en polvo?
Los recién nacidos prefieren el olor de la leche materna

¿Qué prefiere el bebé, la leche materna o la de bote? Para obtener la respuesta a esta pregunta, bastó con formulársela a los propios bebés.

> Dos investigadores (Marlier y Schaal, 2005) observaron el comportamiento de unos recién nacidos de entre tres y cuatro días ante el olor a leche humana (familiar, es decir, de su propia madre, y no familiar, es decir, de otra madre) y a leche artificial (familiar, es decir, la que tomaban habitualmente, y no familiar).
>
> Se observó que ante el olor a leche no familiar (de bote o humana), los bebés alimentados con lactancia natural, pecho o biberón, volvían la cabeza hacia la leche humana y no hacia la artificial. Además, en esta situación abrían con más ahínco la boca.

Conclusión

Pese a los considerables esfuerzos de la industria por fabricar excelentes tipos de leche, los estudios demuestran que el olor a leche materna resulta más atractivo para los recién nacidos que el de la leche de bote, preferencia que no va ligada al tipo de alimentación que ha recibido el bebé desde su nacimiento. ¡Qué sabia es la naturaleza!

Para ir más lejos

MARLIER, L.; SCHAAL, B.: «Human Newborns Prefer Human Milk: Conspecific Milk Odor is Attractive without Postnatal Exposure», en *Child Development*, 76, 155-168, 2005.

23 ¿El bebé puede reconocer a su madre sólo por el olor?
Los recién nacidos prefieren los olores maternos

Hemos visto la extraordinaria capacidad de los padres para reconocer a su recién nacido, pero ¿y la del bebé para hacer lo propio con sus padres?

Si los adultos pasáramos de unos brazos a otros en una sala llena de desconocidos, tal vez nos resultaría útil reconocer a quién iba a protegernos y alimentarnos. Nuestro bebé será capaz de hacerlo simplemente sirviéndose de su olfato.

Se han realizado muchos estudios para observar si el bebé sabe utilizar su pequeña nariz para reconocer a su madre.

> *Gracias a unos discos protectores que llevaban las madres en su sostén, un investigador (MacFarland, 1975) demostró que los bebés de tan sólo dos días son capaces de reconocer el olor materno.*
>
> *MacFarland utilizó tres tipos de protegesenos: los que había llevado anteriormente la madre, los de otras parturientas y unos*

que no había utilizado nadie. Estos algodones se pusieron en contacto con una de las mejillas de cada uno de los 20 bebés que participaron en la experiencia.

Las observaciones que se filmaron demostraron que 17 de los 20 recién nacidos se volvían más a menudo y durante un espacio de tiempo más prolongado hacia la pieza que había estado en contacto con el seno de su madre.

¿Qué decir de la capacidad del recién nacido para reconocer el olor paterno?

Cernoch y Porter (1985) pusieron en marcha una serie de cinco pruebas para dar respuesta a nuevas preguntas. Utilizando un procedimiento idéntico (pedazo de algodón en contacto con la axila), los investigadores demostraron que los bebés alimentados con lactancia materna y de quince días de edad identificaban a sus madres simplemente por el olor de la axila. Los pequeños distinguieron entre el olor de su madre y los de otras mujeres. No así los bebés alimentados con biberón. En cambio, ninguno de los dos grupos pudo establecer la diferencia entre el olor del padre y el de otros hombres.

Probablemente, al tomar el pecho, el recién nacido está aún más en contacto con los olores maternos que destacan (las axilas, por ejemplo) y, a raíz de esto, se familiariza antes con el olor específico de su madre.

Otro estudio se centró en la valoración de la respuesta de los recién nacidos alimentados con el pecho o biberón ante el olor ma-

terno (Sullivan y Toubas, 1998). En esta ocasión, los investigado-
res utilizaron un camisón que había llevado la madre en el hos-
pital, uno de la madre de otro recién nacido y un camisón que no
había usado nadie.

Se investigó a los recién nacidos en tres situaciones distintas:
cuando llevaban un minuto llorando, cuando estaban despiertos y
cuando dormían.

Los psicólogos observaron que los bebés dejaban de llorar
cuando se les presentaba un camisón que había llevado su ma-
dre, ¡incluso uno perteneciente a otra madre! No así frente a un
camisón sin usar. También se puso de manifiesto que los bebés
que estaban despiertos abrían más la boca ante el camisón de
su madre, lo que demuestra que diferenciaban perfectamente los
olores de las distintas madres.

Estos resultados sugieren que sería útil presentar al bebé algo
que le recuerde el olor de su madre, pues atenúa su llanto. La
prueba también demostró la importante función del olor mater-
no en lo que se refiere a la alimentación, ya que el olor de la ma-
dre mueve al pequeño a abrir la boca.

Si bien los recién nacidos, en general, sienten atracción por los olores de los senos de otras mujeres que crían, los bebés alimentados con leche materna al mamar identifican con rapidez el olor característico de su madre y más tarde pueden situarla por este sólo detalle.

¿Están menos capacitados en este sentido los bebés alimentados con biberón? Todo hace suponer que no. Por otro lado, estos recién nacidos se vuelven también hacia la madre en busca del seno, algo que a veces provoca sentimientos de culpabilidad en las madres que no dan de mamar. Claro que al no estar en contacto con el pecho, la capacidad de reconocer el olor del pezón desaparece rápidamente. A pesar de todo, los recién nacidos criados con biberón aprenden a reconocer a su madre por otros tipos de olor (cuello, perfume, etc.). En efecto,[1] los bebés aprenden a reconocer los olores.

Conclusión

Así pues, vemos que los recién nacidos son especialmente sensibles a los olores procedentes de los senos maternos y de todo el entorno de la madre, sensibilidad que empieza unos minutos después del nacimiento. Ello tiene consecuencias importantes, ya que la capacidad de reconocimiento del olor permite al bebé orientarse hacia el pecho de su madre y le guía hasta el pezón. Por consiguiente, esta aptitud le influye también en

---

1. Esto quedó demostrado después de pedir a unas cuantas mujeres que criaban a sus bebés que, antes de darles el pecho, se pusieran perfume en los senos, aunque no en el pezón (Schleidt y Genzel, 1990). Con dos semanas de vida, los bebés se orientaban más hacia el perfume que les resultaba familiar que hacia otro. A las cuatro semanas de edad (quince días después de que las madres dejaran de perfumarse los senos), la mayor parte de los bebés no mostró preferencia alguna por un perfume u otro. Lo que demuestra que la preferencia puede desaparecer si no se presenta repetidamente, pero también que el recién nacido aprende a reconocer y a apreciar un olor (ver Valgo y Porter, 1986), sobre todo si éste se asocia a algo placentero (alimentación). Ya que la madre es una fuente de placer, el bebé que toma biberón aprenderá rápidamente a reconocerla gracias a otros olores corporales (cuello, aliento, etc.).

la actividad motriz general y el estado de alerta del bebé. Diversos estudios han demostrado que los bebés que maman reconocen mejor el olor del pecho y de las axilas de su madre que los que toman biberón, y son también capaces de situar (mediante aprendizaje) el olor de sus madres (del cuello, por ejemplo), con quienes están en contacto cuando les abrazan.

Hoy está ya demostrado que los bebés perciben los olores y son muy sensibles a ellos. Incluso en la oscuridad, el pequeño sabe identificar a su madre: se volverá hacia ella y localizará el pecho tan sólo por el olor. En efecto, ¡desde que nace, «está hasta las narices» de su madre!

Para ir más lejos

BALOGH, R.D.; PORTER, R.H.: «Olfactory Preferences Resulting from Mere Exposure in Human Neonates», en *Infant Behavior and Development*, 9, 395-401, 1986.

CERNOCH, J.M.; PORTER, R.H.: «Recognition of Maternal Axillary Odors by Infants», en *Child Development*, 56, 1593-1598, 1985.

MACFARLAND, A.: «Olfaction in the Development of Social Preferences in the Human Neonate», en MACFARLAND, A. (ed.), *Ciba Found Symposium*, 33, 103-117, 1975.

SCHLEIDT, M.; GENZEL, C.: «The significance of Mother's Perfume for Infants in the First Weeks of their Life», en *Ethology and Sociobiology*, 11, 145-154, 1990.

SULLIVAN, R.M.; TOUBAS, P.: «Clinical Usefulness of Maternal Odor in Newborns: Soothing and Feeding Preparatory Responses», en *Biology of the Neonate*, 74, 402-408, 1998.

24 ¿Es sensible el recién nacido a los aromas y a los malos olores?
Expresiones faciales, comportamiento y localización de los olores por parte del recién nacido

Entramos en un sitio que huele mal y decimos: «¡Esto apesta!», pero el bebé que llevamos en brazos, que tiene tan sólo unas horas de vida, ¿sacará la misma conclusión y sabrá de dónde procede el olor?

Unos investigadores se marcaron el objetivo de descubrir si los recién nacidos eran capaces de responder de forma direccional a la presencia de olores irritantes. Llevaron a cabo, pues, una prueba con 20 recién nacidos de entre dieciséis y ciento treinta horas de vida (Rieser, Yonas, Wikner, 1976).

Colocaron un frasquito con un poco de amoníaco cerca de la cara de cada uno de los bebés, a su derecha o a su izquierda. Repitieron la operación unas cuantas veces con cada pequeño. Luego, tras esta breve presentación del producto, filmaron sus movimientos.

Casi en el 70% de las presentaciones los bebés volvieron la cabeza en la dirección opuesta a la del disolvente. Quienes volvieron la cabeza con más decisión fueron los que se mostraron menos agitados en el momento de presentarles el amoniaco. Por el contrario, los que experimentaban dificultades para volverse se agitaban mucho.

¿Y el buen olor?

> Por medio de una serie de investigaciones, Steiner (1974, 1979) demostró que los bebés se mostraban receptivos ante muchos olores. Presentó aromas distintos a unos recién nacidos de menos de doce horas.
>
> Después de haber filmado a los pequeños, se fijó en que el olor a extracto de plátano, de vainilla y de mantequilla generaba sonrisas y movimientos de succión. En cambio, el olor a gamba y a huevos podridos provocaba gestos muy distintos, como el de torcer las comisuras de los labios o apretarlos.

Conclusión

Pese a que habría que definir qué es lo que se entiende por buen o mal olor, las pruebas ponen de relieve que los bebés sitúan por un lado los aromas y perfumes agradables y, por otro, los olores fétidos y otras emanaciones irritantes. Por lo que parece, los adultos tienen más o menos los mismos gustos que ellos (el amoníaco y los huevos podridos no atraen a demasiada gente). Debemos confiar en nuestro buen juicio y no exponer al bebé más que a olores que a nosotros nos parezcan agradables.

Podemos concluir, finalmente, que el bebé posee, desde el nacimiento, una capacidad innata que le permite evitar por medio de una acción (volver la cabeza) y comunicar (a través de su expresión facial) lo desagradables que le resultan los olores nauseabundos. Y afirmamos todo lo contrario en cuanto a los olores agradables. De modo que concluimos que el recién nacido es muy sensible a los olores.

Para saber más

RIESER, I.; YONAS, A.; WIKNER, K.: «Radial Localizations of Odors by Newboms», en *Child Development*, 47, 856-859, 1976.

STEINER, J.E.: «Discussion Paper: Innate, Discriminative Human Facial Expressions to Taste and Smell Stimulation», en *Annals of the New York Academy of Sciences*, 237, 229-233, 1974.

STEINER, J.E.: «Human Facial Expressions in Response to Taste and Smell Stimulation», en *Advances in Child Developmental Behavior*, 13, 257-295, 1979.

25 ¿El bebé ve lo mismo con las manos que con los ojos?
La transferencia intermodal tacto-vista

Desde que nace, ¿el bebé es capaz de reconocer con los ojos algo que le hemos puesto antes en la mano? Dicho de otra forma, ¿puede pasar la información en los recién nacidos de las manos a los ojos?

Los investigadores han querido saber si existía en los bebés una «transferencia intermodal tacto-vista», es decir, si la información puede pasar de la modalidad táctil a la modalidad visual.

En 2003, se hizo participar en una prueba a 12 niños y niñas de una media de tres días de vida. Llegaron al laboratorio de investigación con sus padres.

Los investigadores (Streri y Gentaz) colocaron en la mano derecha de los lactantes o bien un prisma o bien un cilindro. En caso de que el bebé lo soltara, el investigador se lo ponía de nuevo en la mano, hasta que el pequeño se acostumbraba a la forma del objeto.

En una segunda fase, los psicólogos colocaron ante los ojos del lactante los dos objetos, uno al lado del otro, y los dejaron allí durante sesenta segundos. Midieron el tiempo que el bebé fijaba la mirada de cada uno de ellos durante los citados sesenta segundos.

Descubrieron entonces que el bebé miraba durante más tiempo el objeto que no había explorado con el tacto. Los que habían tocado el prisma, miraban más tiempo el cilindro, y viceversa. Esto demuestra que el objeto que ha explorado anteriormente con el tacto le resulta familiar al pequeño, a diferencia del otro, que acaba de percibir[1] como nuevo. Los recién nacidos extraen información sobre la forma de un objeto en formato táctil manual y pueden pasarla a formato visual.

Streri Gentaz tuvieron entonces la idea de estudiar el comportamiento visual de 12 recién nacidos más sin haberles puesto en la mano el cilindro o el prisma. Los resultados demostraron que los bebés pasaban el mismo tiempo mirando el prisma y el cilindro que se les habían presentado posteriormente.

---

1. Estudios anteriores demostraron que el lactante reacciona, desde el nacimiento, ante una situación nueva explorándola más tiempo que lo conocido.

Conclusión

La investigación anterior contribuye en la mejora de la imagen que podamos tener de los recién nacidos, a los que hasta hace muy poco se consideraba poco más que unos simples tubos digestivos.

El cerebro del bebé de tres días es capaz de llevar a cabo una *transferencia intermodal*, es decir, que un objeto percibido por uno de los sentidos (tacto, oído, vista) puede reconocerse por medio de otro de ellos. Desde que nace, el bebé es capaz de coordinar las informaciones sobre la forma de los objetos entre las modalidades visual y táctil. Y esto incluso antes de haber aprendido a partir de las asociaciones extraídas de sus experiencias visuales y táctiles.

Es algo contrario a lo que se creía anteriormente, a saber, que los bebés aprendían a percibir. Al contrario, sus capacidades están presentes de manera innata.

Así pues, los recién nacidos «ven» tanto a través de sus manos como de sus ojos, de forma que son capaces de reconocer su objeto preferido (chupete, osito de peluche, tela...) visualmente después de haberlo tocado a ciegas.

Para saber más

STRERI, A.; GENTAZ, E.: «Cross-Modal Recognition of Shapes from Hand to Eyes in Newborns», en *Somatosensory and Motor Research*, 20, 11-16, 2003.

26 El cuerpo del recién nacido, ¿se «fusiona» realmente con el cuerpo de la madre?
El yo que percibe el lactante

Contrariamente a lo que han afirmado y siguen afirmando determinados psicoanalistas, el bebé que llega al mundo no lo hace en un estado «simbiótico», «fusional», «indiferenciado» con la madre (Malher;[1] Winnicott, 1982), ni en un estadio preobjetual (Spitz, 1995), ni forma parte de una «unidad biológica madre-bebé» (Anna Freud, 1965). Al contrario, las investigaciones demuestran que percibe su cuerpo como una entidad diferenciada del de su madre.

Desde que llega al mundo (y probablemente incluso antes), el recién nacido diferencia perfectamente su cuerpo de los otros objetos del entorno, en lo que se viene en llamar «yo ecológico» (Rochat, 1977). El recién nacido que cuenta tan sólo unas horas de vida se comporta de forma distinta según le estimule el dedo de un adulto o su propia mano.

Rochat y Hespos (1977) se desplazaron a una maternidad para analizar el comportamiento de los recién nacidos ante dos situaciones: en la primera observaron la reacción del bebé cuando uno de los psicólogos le tocaba los labios con un dedo. En la segunda,

---

1. En colaboración con Fred Pine y Annni Bergman: *The Psychological Birth of the Human Infant: Simbiosis and Individuation*, Basic Books, Nueva York, 1975.

examinaron su comportamiento tras un contacto espontáneo entre su propia mano y su cara.

Constataron que los bebés se volvían mucho más hacia el dedo del adulto que hacia el suyo. El contacto con la mano del psicólogo implicó otra orientación de la cabeza, abertura de la boca, succión y movimientos con la lengua.

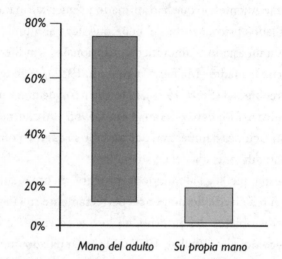

Figura 8. Porcentaje de movimientos de la cabeza con abertura de boca y succión en función del tipo de estímulo.

Conclusión

Desde que nace, el pequeño distingue su cuerpo y el entorno.[2] Luego, poco a poco, este «yo» se hará más social, con la

2. Existe una síntesis de todas las experiencias que dan fe de ello en Rochat y Goubet N.: «Connaissance implicite du corps au début de la vie (*Implicit Knowledge of the Body Early in Life*)», en *Enfance*, 3, 275-286, 2000.

aparición de la primera auténtica sonrisa orientada, hacia las seis semanas. Paralelamente, irá desarrollando lo que los investigadores denominan su «yo agente», es decir, descubrirá paulatinamente su capacidad de actuar en el mundo y con los objetos que le rodean. Este «yo agente» culmina con el famoso y repetitivo «soltar la cuchara» hacia el suelo desde la trona durante la comida.

Para ir más lejos

FREUD, A.: *Le Normal et le Pathologique chez l'enfant*, París, Gallimard, 1965.

NEISSER, U.: «Criteria for an Ecological Self», en ROCHAT, PH. (ed.): *The Self in Infancy: Theory and Research*, Amsterdam, North-Holland, pp. 17-34, 1995.

SPITZ, R.A.: *De la naissance à la parole: la première année de la vie*, París, PUF, 1995.

ROCHAT, P.; HESPOS, S.J.: «Differential Rooting Response by Neonates: Evidence for an Early Sense of Self», en *Early Development and Parenting*, 6 (3 y 4), 105-112, 1997.

WINICOTT, D.W.: *Processus de maturation chez l'enfant*, París, Payot, 1982.

Parte *3*

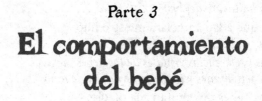

El comportamiento del bebé

27 ¿El recién nacido es un imitador?
La imitación del bebé

¿A partir de qué edad el bebé imita las expresiones faciales de su padre o de su madre? ¿Muy pronto? ¿Más bien tarde?

Quienes lean este libro en la maternidad, después del parto, pueden llevar a cabo la prueba que presentamos a continuación y tal vez se lleven una sorpresa.

En 1989, Meltzoff y Moore, dos investigadores de la Universidad de Washington, hicieron una prueba con 40 recién nacidos de menos de dos días.

Colocaron a los pequeños en una pequeña sala junto a la nursería de la maternidad con la luz apagada. Únicamente quedaba iluminado el rostro del investigador. Éste se acercaba al bebé y le sacaba la lengua durante veinte segundos o bien efectuaba un movimiento rotatorio con su cabeza también durante veinte segundos. Entre los dos movimientos, el investigador permanecía veinte segundos pasivo. Repitió la experiencia unas cuantas veces seguidas en un período de ocho minutos. Se filmó a los bebés para observar sus reacciones ante estas conductas.

Finalmente, Meltzoff y Moore constataron que los bebés habían sacado más veces la lengua como respuesta al adulto que hacía lo propio que como respuesta al adulto que giraba la cabeza. Por otro lado, los mismos bebés movieron más la cabeza en respuesta al investigador cuando éste movía la suya que cuando les sacaba la lengua. Constataron tales efectos mientras el adulto llevaba a cabo los gestos, pero también durante el período de inactividad siguiente.

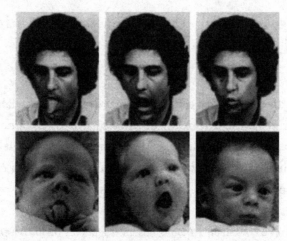

Figura 8. *Fotos tomadas en otra prueba realizada por Meltzoff y Moore. (Meltzoff, A.N.; Moore, M.K.: «Imitation of Facial and Manual Gestures by Human Neonates», en Science, 198, 75-78, 1977.)*

La percepción de un acto por parte del recién nacido puede registrarse de forma que se use directamente en la ejecución de un «plan de comportamiento motor». Según los investigadores, el bebé utilizaría la acción del adulto como modelo que le permitiría trabajar su propio comportamiento en este sentido. Ésta es la razón que explica que el comportamiento de imitación se mantenga incluso durante el período de inactividad.

Conclusión

Los recién nacidos saben identificar y reproducir determinados movimientos del cuerpo que perciben en el adulto. En efecto, son capaces de reproducir un guiño (Kugiumutzakis, 1999), el gesto de abrir la boca y el de sacar la lengua (Kugiumutzakis, 1999; Meltzoff y Moore, 1989), así como otras expresiones faciales (Field, Woodson, Greenberg y Cohen, 1982). Estas imitaciones tienen su explicación en la capacidad innata de dar respuestas motrices a la percepción de un movimiento (Jeannerod, 1997).

El bebé detecta también con gran facilidad el movimiento biológico. Responde de forma innata a los movimientos del rostro que le observa. En efecto, todas las investigaciones en las que se ha intentado reproducir dicho efecto con objetos en lugar del rostro humano han fracasado. Sorprendente, ¿verdad?

Estos trabajos, como todos los que se presentan en el libro, demuestran, suponiendo que aún fuera necesario, que el recién nacido no es un simple tubo digestivo que pasa el tiempo aletargado y comiendo. Al contrario, es un ser que observa, aprende y responde activamente a su entorno.

Hagamos, pues, el experimento. Acerquémonos al pequeño y frente a él saquémosle unas cuantas veces la lengua. Hay que darle tiempo para responder, pero veremos...

Para saber más

FIELD, T.M.; WOODSON, R.W.; GREENBERG, R.; COHEN, C.: «Discrimination and Imitation of Facial Expressions by Neonates», en *Science*, 218, 179-181, 1982.

JEANNEROD, M.: *The Cognitive Neuroscience of Action,* Nueva York, Blackwell, 1979.

KUGIUMUTZAKIS, G.: «Genesis and development of Early Infant Mimesis to Facial and Vocal Models», en NADEL J.; BUTTERWORTH G. (eds.): *Imitation in Infancy* (p. 36-59), Cambridge, Massachusetts, Cambridge University Press, 1999.

MELTZOFF, A.N.; MOORE, M.K.: «Imitation in Newborn Infants: Exploring the Range of Gestures Imitated and the Underlying Mechanisms», en *Developmental Psychology*, 25 (6), 954-962, 1989.

28 ¿A qué edad apreciará nuestro hijo los cochecitos para jugar?
Las preferencias visuales de los bebés para las actividades y juguetes de niña y de niño

¿A partir de qué edad nuestro hijo empieza a apreciar los juguetes y las actividades de niños? Para responder a esta pregunta, tres investigadores (Campbell, Shirley y Heywood, 2000) hicieron participar a unos bebés en una prueba.

> *Reunieron a 60 bebés (36 niños y 24 niñas), reclutados en las clínicas de la zona y mediante una publicación médica. Todos habían nacido a los nueve meses. Se les hizo a todos un seguimiento durante unos meses, ya que había que renovar la prueba cuando el bebé cumpliera los tres, los nueve y los dieciocho meses.[1]*
>
> *A su llegada al laboratorio, cada pequeño se situó en el regazo de la madre, a la que se pidió que no interviniera. Frente al bebé se colocaron dos monitores de ordenador de unos sesenta centí-*

---

1. Es lo que se llama *estudio longitudinal*.

metros. *Entre ambos, una cámara filmaba al niño a fin de establecer cuál de las dos imágenes retendría más tiempo su atención.*

Se mostraron a cada bebé unas fotografías durante unos segundos: se trataba de juguetes típicamente masculinos y de juguetes típicamente femeninos[2] (para las niñas: muñeca, cocinita con su tostadora, su horno y recogedor, cochecito de bebé; para los niños: pelota, tren, coche y camión). Cuando se mostraba en la pantalla de la derecha un juguete masculino aparecía simultáneamente uno masculino en la de la izquierda y viceversa.

Se pasaban seguidamente a los bebés una serie de vídeos en los que se veían dos niños de seis y siete años (siempre del mismo sexo que el «espectador») jugando con dos juguetes tradicionalmente de niña[3] (con una muñeca, con una cocinita, con un teléfono) o de niño (saltar, pelearse, jugar a vaqueros). Los cortos se presentaban siguiendo el mismo procedimiento (simultáneamente en la pantalla derecha y en la izquierda).

Los resultados demostraron que:

- *desde los tres meses, los bebés (niños) se inclinaban más hacia la observación de los rostros de los niños que las bebés (niñas);*
- *a partir de los nueve meses, los niños pasaban más tiempo contemplando las fotos de los juguetes masculinos que las de los juguetes femeninos;*

---

2. La elección de los juguetes se estableció a partir de una distinción entre los sexos que anteriormente habían hecho patente dos investigadores (Berenbaum y Snyder, 1995).

3. La elección de las actividades se basó en unos modelos de juego establecidos antes para la diferenciación sexual (Fagot y Leinbach, 1989).

Serge Ciccotti

– a pesar de que los bebés de ambos sexos observaban por un igual las actividades masculinas, a partir de los nueve meses los bebés (niños) contemplaban mucho más tiempo que los bebés (niñas) a los niños cuando saltaban y jugaban a vaqueros.

Y lo más sorprendente... A fin de establecer las diferencias entre niños y niñas (lo que se denomina dimorfismo sexual) en la sociabilidad y dilucidar si se trataba de diferencias biológicas o más bien socioculturales, algunos investigadores se plantearon la observación de la conducta de 102 recién nacidos.

Examinaron si se producía variación de conducta entre los niños y las niñas cuando se les presentaban un rostro (objeto social) o un móvil (objeto psicomecánico).

Los resultados demostraron que los niños miraron durante más tiempo el móvil psicomecánico y las niñas pasaron más tiempo con el rostro. Según los investigadores, los resultados de esta prueba demuestran claramente que las diferencias entre los sexos tienen en parte un origen biológico (Connellan, Baron-Cohen, Wheelwright, Batki, Ahluwalia, 2001).

Repitieron la experiencia en 2002 Lutchamaya y Baron-Cohen con sesenta bebés de doce meses (niños y niñas), a quienes los investigadores mostraron un cochecito y un rostro. Los resultados confirmaron lo del primer estudio.

Conclusión

No hay que esperar que nuestro hijo tenga cierta edad para confirmarnos que es un niño para constatar que aprecia los juegos de niño. Al parecer, a los bebés ya les gustan los juegos y los juguetes que suelen asociarse a su sexo. Además, los estudios demuestran que ya poseen «conocimientos preverbales tácitos» en cuanto al género de los demás y que probablemente tienen más idea de lo que son capaces de manifestar sobre el tema.

Para saber más

BERENBAUM, S.A.; SNYDER, E.: «Early Hormonal Influences on Childhood Sex-Typed Activity and Playmate Preferences: Implications for the Development of Sexual Orientation», en *Developmental Psychology*, 31, 31-42, 1995.

CAMPBELL, A.; SHIRLEY, L.; HEYWOOD, C.: «Infants' Visual Preference for Sex-Congruent Babies, Children, Toys and Activities: A Longitudinal Study», en *Britsh Journal of Developmental Pyschology*, 18, 479-498, 2000.

CONNELLAN, J.; BARON-COHEN, S.; WHEELWRIGHT, S.; BATKI, A.; AHLUWALIA, J.: «Sex Differences in Human Neonatal Social Perception», en *Infant Behavior and Development*, 23 (1), 113-118, 2001.

FAGOT, B.; LEINBACH, M.: «The Young Child's Gender Schema: Environmental Input, Internal Organisation», en *Child Development*, 60, 663-672, 1989.

LUTCHMAYA, S.; BARON-COHEN, S.: «Human Sex Differences in Social Looking Preferences, at 12 Months of Age», en *Infant Behavior & Development*, 25 (3), 319-325, 2002.

29 Los bebés que imitan a la madre, ¿serán más concienzudos que los demás?
Imitación y conciencia

Observemos a nuestro bebé de doce meses: en general ¿nos imita? Cuando realizamos tareas domésticas, ¿él intenta hacer lo mismo? Y cuando su padre (o su madre) hace bricolaje, ¿se esfuerza por imitarlo?

Si es así, ¿podemos imaginar que existe en el bebé una relación entre la tendencia a imitar y el hecho de que de mayor será una persona concienzuda? El lector pensará que se encuentra ante otra cuestión psicológica. Es cierto que en la vida cotidiana no nos planteamos muy a menudo estas cosas.

Pues bien, una investigación examinó si lo de imitar de forma natural un poco o mucho a la madre a los doce meses podría vaticinar una *conciencia*[1] a los tres o cuatro años.

En este estudio, Forman, Aksan y Kochanska (2004) pidieron a una serie de madres que llevaran a cabo unas acciones simples ante los ojos de sus bebés (de entre un año y veinte meses). Se les hacía, por ejemplo, fingir que pulverizaban un producto sobre la mesa, luego lo secaban con una toalla, que tiraban después. También podían dar de comer a un osito de peluche, tras haberlo instalado en su sillita y haberle colocado un babero.

---

1. Cabe entender lo de «tener conciencia» en el sentido del respeto a las normas y del sentimiento de culpabilidad ante la transgresión.

Las madres animaban a los bebés para que las imitaran. Los investigadores observaban y anotaban si el bebe imitaba de forma correcta a su madre y si reproducía (o no) la conducta de la madre con entusiasmo y motivación (¿Será fácil pedírselo? ¿Seguirá el pequeño la imitación o lo dejará después del primer acto?, etc.).

Unos años después, cuando los niños contaban entre dos años y medio y cuatro, se les hizo de nuevo una prueba, aunque inmersa en otra, a fin de determinar si respetaban sin problemas las reglas impuestas por los adultos.

Los pequeños tenían que adivinar, por ejemplo, qué animal se escondía bajo una tela. Si el niño lo acertaba, sabía que tendría un regalo. El investigador explicaba las reglas, haciendo hincapié en la prohibición de echar una ojeada o de tocar la tela con más de un dedo. Añadía que el que no siguiera las citadas reglas sería un tramposo, lo que implicaría una injusticia. Era el niño quien tenía que encontrar la solución cuando se quedaba solo tres minutos en la habitación. Los investigadores observaron con discreción el número de actos incorrectos de los niños (tocar la tela con más de un dedo, echar una ojeada por debajo de ésta), así como el tiempo que pasaban haciendo trampas.

En otra prueba,[2] cada madre entraba en una habitación con su hijo. En ésta había una mesa con juguetes. La madre prohibía a su hijo jugar con ellos.

Antes de salir de la habitación, la madre repetía de nuevo la norma. Se dejaba luego al niño solo un minuto. A fin de presentar los

---

2. La denominada *prueba del juguete prohibido*, que tiene por objeto evaluar la conciencia sobre las normas y saber si éstas se han interiorizado correctamente.

juguetes como algo aún más atractivo, entraba un adulto en la habitación, jugaban durante un minuto con ellos y luego se marchaban. El niño quedaba otra vez solo por espacio de seis minutos. Un investigador lo observaba sin que él se diera cuenta. Se fijaba en si se habían tocado los juguetes y cómo (tiempo del contacto, toque delicado, con un dedo o sin miramientos, con toda la mano).

En una última prueba, denominada de culpabilidad, se observaba la habilidad de los niños tras la transgresión de una norma. Los investigadores llevaban a los niños a creer que habían estropeado algún objeto de valor (xilófono, taza de café). De entrada, el investigador mostraba el objeto a cada uno de los niños diciéndoles: «Cuidado con este objeto, pues lo he hecho yo». En realidad, el objeto estaba roto, pero sus trozos se habían encajado de forma que el niño no pudiera detectarlo.

En el momento en que cogía el objeto, éste se hacía añicos. Entonces el investigador exclamaba: «¡Por favor! ¿Qué ha ocurrido? ¿Quién lo ha hecho?».[3] Se observaba al niño durante sesenta segundos. El investigador se fijaba en sus expresiones, su tensión corporal, si evitaba la mirada o no, en su angustia en general. Los investigadores valoraron en las dos primeras pruebas la tendencia a hacer trampa y en la tercera, su sentido de culpabilidad.

Los resultados demostraron que los niños que habían sentido más inclinación por imitar a sus madres dos años antes respetaban

---

3. Evidentemente, el responsable de la prueba no dejaba al niño en la aflicción. Pasados los sesenta segundos durante los que lo había estado observando, le decía que se podría reparar el objeto. Recuperaba con discreción una reproducción exacta del objeto original y se la mostraba. Luego lo tranquilizaba explicándole que él no era el culpable del incidente.

más las normas que los demás. Hacían menos trampas. Mostraban asimismo un mayor sentido de culpabilidad tras la caída del objeto.

Así pues, por lo que parece, los bebés que imitan con entusiasmo a sus madres desarrollan antes que los demás el sentido de la rectitud y son más conscientes.

Conclusión

Si nuestro bebé nos imita con soltura y entusiasmo cuando hacemos algo, probablemente desarrolle con rapidez el sentido del respeto por las normas y sea más concienzudo que el resto. Tendrá claro lo que está prohibido y lo que está autorizado. Tampoco tardará en culpabilizarse de un fracaso que sea responsabilidad suya. Por lo tanto, no hará falta regañarle constantemente. La conciencia del error surgirá espontáneamente.

¿La explicación? Los investigadores consideran que el deseo de imitar a los padres va unido a una importante receptividad y sensibilidad del bebé ante los esfuerzos de la madre para que establezca relaciones. Esto podría constituir un empuje en el desarrollo de la conciencia y la rectitud en los pequeños.

Otros estudios han demostrado que los niños pueden aprender a autocontrolarse y asimilar otras conductas relacionadas con el desarrollo moral por medio de la imitación (Bandura, 1986).

El proverbio dice: «Haz lo que digo, no lo que hago». La investigación demuestra que en realidad sería mejor decir: «Haz lo que hago y serás como digo que seas».

Para ir más lejos

BANDURA, A.: *Social Foundations of Thought and Action,* Englewood Cliffs, Nueva Jersey, Prentice Hall, 1986.

FORMAN, D.R.; AKSAN, N.; KOCHANSKA, G.: «Toddlers' Responsive Imitation Predicts Preschool Age Conscience», en *Psycological Science,* 15, 699-704, 2004.

30 ¿Para el bebé tiene importancia la dirección de nuestra mirada? Interpretación de la mirada del adulto por parte del bebé

Los adultos a menudo se imaginan que cuando el bebé no se comunica con ellos es un ser aislado. ¿Seguro que es así? ¿Observa nuestro bebé las mismas cosas que nosotros? ¿Influyen las miradas de la madre hacia el entorno en lo que observará el bebé?

Para comprender el desarrollo de la mirada del bebé, unos investigadores (Brooks y Meltzoff, 2002) llevaron a cabo dos pruebas con 96 niños de doce, catorce y dieciocho meses. En los tres grupos de 32 que establecieron había el mismo número de niños que de niñas. Los investigadores pretendían saber si los bebés se basaban tan sólo en los principales movimientos del adulto para dirigir su mirada o si observaban también los ojos de un adulto que se volvían hacia un objeto.

En la primera experiencia, los bebés se sentaron en el regazo de su madre frente a una pequeña mesa. Se pidió a las madres que no movieran la cabeza ni hablaran al hijo durante la prueba. El investigador, sentado al otro lado de la mesa frente al bebé, establecía contacto con la mirada del pequeño y luego colocaba dos juguetees del mismo color sobre unos pedestales situados a la derecha y a la izquierda de la mesa. El psicólogo seguía jugando con el pequeño en la mesa antes de empezar las cuatro pruebas de «rotación de la cabeza», es decir: de pronto volvía silenciosamente la cabeza hacia el lado izquierdo o hacia el derecho.

En una de las situaciones, el investigador mantenía los ojos abiertos y desplazaba la mirada de la cara del niño a uno de los juguetes y la mantenía en éste durante unos siete segundos, para volver a la posición inicial, es decir la de mirar de frente al bebé. Durante la experiencia se llevaba a cabo unas cuantas veces esta rotación, hacia la izquierda y hacia la derecha.

En otra situación, el investigador hacía lo mismo, pero cerraba los ojos antes de volverse hacia uno de los juguetes y no los abría de nuevo hasta situarse otra vez frente al rostro del niño.

Las diferencias entre las dos situaciones resultaron sorprendentes:

– un 90% de los bebés siguió observando el juguete cuando el investigador tenía los ojos abiertos;
– sólo lo hizo un 46% en la situación en que el psicólogo había cerrado los ojos. El tiempo durante el que los bebés observaron los juguetes también fue un 50% más prolongado en la situación de «ojos abiertos»;

Serge Ciccotti

– se constató también que las vocalizaciones de los niños eran más abundantes en esta situación (60%) que en la otra (17%).

En esta prueba ocurre como si el objeto se convirtiera en algo fascinante por el simple hecho de que el adulto lo observa.

Se realizó el segundo estudio para determinar si los bebés comprendían qué era una obstrucción visual y si el pequeño concebía, por ejemplo, que una simple venda en los ojos de un adulto podía impedir la visión. El artificio experimental era idéntico al de la primera experiencia, a excepción de que el investigador utilizaba una tela negra opaca, que mostraba a cada uno de los niños antes de anudársela en la cabeza.

La mitad de los bebés estuvo frente a uno de los investigadores que, tras observar cómo giraba la cabeza, hacía bajar la tela desde la parte superior de la cabeza hasta los ojos. La otra mitad, frente a otro que hacía deslizar la tela desde la parte superior de la cabeza hasta las cejas, dejando visibles los ojos.

En este caso también tuvo su importancia la mirada del adulto: los bebés fijaron mucho más la suya en el juguete cuando veían los ojos del investigador (77%) que cuando la venda se los ocultaba (56%).

Ahora bien, los investigadores detectaron una clara diferencia entre los grupos de edad en cuanto a la capacidad del bebé de distinguir una obstrucción visual. Los más pequeños (12 meses) presentaban menos diferencias entre las dos situaciones que los de mayor edad. En efecto, los que tenían entre catorce y dieciocho meses siguieron mejor los ojos de quien llevaba a cabo la prueba que su mismo rostro al volver la cabeza con la venda puesta. En cambio no ocurrió lo mismo con los de doce meses.

Conclusión

Los bebés miran más hacia un objeto cuando un adulto se vuelve hacia éste con los ojos abiertos que si lo hace con los ojos cerrados. Ello indica que el bebé utiliza nuestra mirada para hacer sus deducciones y comprende en qué momento vemos y en qué momento no. Unas deducciones que sólo se hacen entre los doce y los catorce meses. Es a esta edad cuando el pequeño puede captar el punto de vista de los demás.

Es sorprendente constatar hasta qué punto el bebé es sensible a la persona con quien se relaciona. A los catorce meses, nuestra simple presencia a su lado, con los ojos cerrados, no basta, pues el pequeño es capaz de saber cuándo tiene a su disposición a otra persona en el plano perceptivo. Al ver los ojos abiertos o cerrados será capaz de saber si el adulto está dispuesto a interaccionar y a responder de forma adecuada.

La atención común, es decir, el hecho de que dos personas vean y comprendan que observan el mismo objeto juntas, al parecer es una cualidad típicamente humana. Ni los monos utilizan la mirada de otro para hacer deducciones sobre lo que no ven. El bebé sí, pues es algo que forma parte de su desarrollo.

Las pruebas realizadas demuestran que el bebé es sensible al entorno social y tiene en cuenta lo que los demás perciben. No es un ser aislado, tiende a resolver lo que tal vez sea para él un enigma con la ayuda de los demás. Nos oye hablar y nos ve volver la cabeza. ¡Puede imaginar incluso que hablamos del objeto en cuestión, del que miramos en este momento preciso! Percibe sutiles diferencias y a consecuencia de ello modifica su comportamiento. Es algo básico para informarse en cuanto a las distintas palabras de la lengua y comprender las emociones de quienes lo rodean. La detección del sentido de la mirada de otra persona es un elemento crucial en las interacciones sociales humanas.

El bebé de menos de un año juega con objetos o juega con personas, pero tiende a hacerlo por separado. A partir de los doce meses, empieza a funcionar de forma «multitarea». Presta atención a las personas y a las cosas de manera simultánea. Y lo hace observando una parte de nuestro cuerpo: ¡nuestros ojos!

La mirada del bebé sigue un movimiento de vaivén, va de nuestros ojos a los objetos que observan éstos. Nuestra mirada le informa sobre el mundo físico y le permite sacar provecho de nuestras experiencias. Los investigadores creen, en efecto, que nuestros ojos permiten al bebé seleccionar y hacer pronósticos sobre determinados objetos, a fin de decidir si son nocivos, desagradables o profundamente deseables. La mirada de las otras personas puede darle muchas indicaciones.

Por ello es tan importante para el bebé la mirada de la madre.

Para saber más

BROOKS, R.; MELTZOFF, A.N.: «The Importance of Eyes: How Infants Interpret Adult Looking Behavior», en *Developmental Psycology*, 38, 958-966, 2002.

Parte 4
Las emociones del bebé

31 ¿Por qué hay que evitar dar un salto de tres metros ante una araña en presencia del bebé?

La referenciación social de las emociones en el bebé

En una situación ambigua y poco habitual, ¿cómo se comportará nuestro bebé? ¿Se acercará? ¿Huirá? ¿Llorará? Es difícil responder a esta pregunta.

En realidad, ante un objeto poco habitual y ambiguo (por ejemplo, un juguete muy ruidoso), el bebé utilizará de entrada las informaciones emocionales que pueden proporcionarle otras personas que se encuentren cerca de él, a fin de adaptarse a la situación. Como la madre suele estar más a su lado, en general ella será su referencia.

En un estudio (Sorce, Emde, Campos y Klinnert, 1985), se colocó a unos bebés de doce meses en un «abismo experimental» (sobre una mesita de cristal, cuya mitad era opaca y la otra mitad, transparente; profundidad bajo el cristal: 30 centímetros). Los pequeños se situaron en la parte opaca.

Las madres, de pie en el lado transparente, tenían que incitar al bebé a reunirse con ellas cruzando el vacío (la parte de cristal transparente). Cuando el bebé llegaba al nivel del vacío, la madre tenía que expresar con el rostro alegría, interés, miedo, enojo o tristeza.

Los resultados demostraron que el 74% de los bebés había superado el abismo cuando la madre expresaba alegría e interés.

> *Se tuvo poco éxito en el caso de expresiones de enojo o de tris-*
> *teza. Y ningún bebé se lanzó a la aventura si vio miedo en el ros-*
> *tro de la madre.*

Estos resultados indican claramente que el bebé se adapta a las informaciones emocionales que le son proporciona-
das por la madre. Aparte de diferenciar entre emociones positivas (alegría, interés, etc.) y emociones negativas (miedo,
enojo, tristeza, etc.), es capaz, además, de adoptar un comportamiento adaptado a la información proporcionada por
la madre.

El bebé reconoce y diferencia las emociones de los demás
y, por otra parte, adapta su conducta en función de éstas.

¿Es la madre la única referencia? No. Se ha demostrado
que el bebé utiliza la información relacionada con las expresiones emocionales tanto con el padre como con la madre
(Hirshberg y Svejda, 1990).

> *Así, cuando se presentó un robot muy ruidoso a 66 bebés de doce*
> *meses en presencia de sus padres y sus madres y se pidió a és-*
> *tos que adoptaran expresiones de alegría, miedo, enojo o bien ex-*
> *presiones neutras, los pequeños buscaron referencia tanto en el*
> *padre como en la madre.*

Conclusión

Cuando el bebé descubre una nueva situación, un acontecimiento poco habitual, se vuelve hacia su padre o su madre para observar las emociones en sus expresiones. Ello le permite saber cómo adaptar su conducta a dicha situación.

Por ello debemos intentar controlar nuestras emociones respecto al miedo en determinadas situaciones y en presencia de nuestro bebé. En efecto, probablemente ante lo que nos trastorna o nos crea pánico, nuestros gritos y expresiones emocionales causaran las mismas emociones en nuestro bebé. Tomando como referencia nuestras emociones, aprenderá a tener miedo. También puede aprender a ponerse nervioso en el coche si en el vehiculo familiar observa que su padre va dando gritos a todo el mundo: «¡Adelanta, ya inútil!...».

Para saber más

HIRSHBERG, L.M.; SVEJDA, M.: «When Infants Look to their Parents: Infants' Social Referencing of Mothers Compared to Fathers», en *Child Development*, 61, 1175-1186, 1990.

SORCE, J.; EMDE, R.N.; CAMPOS, J.J.; KLINNERT, M.: «Maternal Emotional Signalling: Its Effect on the Visual Cliff Behavior of 1 Year Olds», en *Developmental Psycology*, 21, 1, 195-200, 1985.

32 ¿El bebé se inspira en las emociones de otros?
El comportamiento del bebé ante reacciones emotivas observadas en un anuncio de la tele

¿El bebé puede aprender algo cuando observa a las personas que hablan o se comportan de una determinada forma? ¿El bebé utiliza las reacciones emocionales de los demás para tomar una decisión?

De ser así, ¿pueden influir los personajes de la tele en el comportamiento del bebé sentado en su sillita frente a la pequeña pantalla?

A todas estas preguntas intentaron dar respuesta dos investigadores (Mumme y Fernald, 2003). En una prueba se plantearon si los bebés que veían en la tele reacciones emotivas de otra persona respecto a un objeto específico (por ejemplo, una pelota) aprenderían algo para sus propias acciones futuras.

Mumme y Fernald idearon, pues, dos pruebas para examinar hasta qué punto unos bebés de diez meses (n = 32, es decir, los bebés de diez meses eran 32) y otros de doce meses (n = 32) podían prestar atención a lo que veía una actriz en un vídeo y también a la forma en que reaccionaba ella ante un objeto que se le colocaba delante.

En los spots presentados a los bebés, una actriz se encontraba frente a dos objetos (un trozo de manguera amarilla, una pe-

lota azul y una espiral roja).[1] La actriz no hacía caso de uno de los objetos pero reaccionaba frente al otro. Podía hacerlo de forma neutra en el terreno emocional (tono de voz, expresiones faciales, etc.), de forma emocionalmente negativa o bien mostrando emociones positivas.

Seguidamente, los investigadores ofrecieron a los bebés la posibilidad de jugar con dichos objetos. Se constató entonces que los de doce meses jugaban con el objeto que había suscitado reacciones neutras y positivas en la actriz. Por el contrario, evitaban el objeto ante el que las reacciones de la actriz habían sido negativas, escogiendo siempre el otro objeto.

Por lo que se refiere a los bebés de diez meses, pese a haber observado con interés el spot, no mostraron un comportamiento distinto ante los diferentes objetos. Las emociones de la actriz no suscitaron en ellos conductas concretas.

Resulta sorprendente que los bebés de doce meses hubieran prestado atención a los estímulos televisados y hubieran recibido la influencia de la información emocional en sus conductas.

La prueba demostró que la televisión no es simplemente un medio de comunicación pasivo, sino que además difunde mensajes que pueden influir en las conductas de los niños de corta edad.

---

1. O bien la pelota y la manguera, o bien la manguera y la espiral o bien la pelota y la espiral.

Conclusión

Los bebés de doce meses se muestran receptivos ante nuestras propias emociones de adulto: aunque dichas emociones se transmitan a través de la televisión influyen igual en el bebé. En efecto, a los doce meses los pequeños observan las acciones y las reacciones de los actores. Por consiguiente, cuando hay un bebé presente, deberíamos tener cuidado con el tono que empleamos entre los adultos y con nuestras reacciones (indignación, agresividad, inquietud...). Finalmente, sería mejor no poner a un bebé ante un programa para personas de más edad, ya que los más pequeños pasan el tiempo que están despiertos observando los actos y las reacciones de los demás.

Para saber más

MUMME, D.L.; FERNALD, A.: «The Infant as Onlooker: Learning from Emotional Reactions Observed in a Television Scenario», en *Child Development,* 74 (1), 221-237, 2003.

33 Un recién nacido de unas horas, ¿es capaz de reconocer e imitar expresiones faciales de alegría, tristeza y sorpresa que ve en el rostro de sus padres?

Discriminación e imitación de las expresiones faciales por el recién nacido

Una de las cuestiones básicas en el campo de la comunicación entre el adulto y el lactante estriba en saber si el bebé es capaz de reconocer nuestras emociones tan sólo observando nuestros rostros. En 1976, unos investigadores[1] consiguieron demostrar que unos bebés de cuatro meses diferenciaban la alegría del enojo. Dichos lactantes pasaron más tiempo observando unas fotos en las que se veía una cara con expresión alegre que aquellas en las que la expresión era de enojo o las que presentaban un rostro sin ninguna emoción específica.

Distintos estudios se interesaron en el reconocimiento de las emociones por parte del bebé. En general, pusieron de manifiesto que el interés del bebé varía en función de la expresión emocional que se le presenta. Las expresiones alegres, por ejemplo, son las que se observan durante más tiempo, seguidas de las de enojo y sorpresa, y, por fin, parece que los pequeños

---

1. LaBarbera, J.D.; Izard, C.E.; Vietze, P.; Parisi, S.A.: «Four and Six-Month-Old Infants Visual Responses to Joy, Anger, and Neutral Expressions», en *Child Development*, 47, 535-538, 1976.

se interesan mucho menos por el miedo y la tristeza (Serrano, Iglesias y Loeches, 1992; Soken y Pick, 1999).

Pero es a otros investigadores a los que debemos el descubrimiento de que, desde el nacimiento, los humanos no sólo son capaces de diferenciar entre la expresión facial de determinadas emociones, sino que además, parecen poderlas imitar.

Dichos investigadores presentaron a unos bebés de treinta y seis horas un rostro triste o un rostro alegre o uno que expresara sorpresa. Se filmaron las reacciones de los pequeños y se pidió a unos observadores que no estaban al corriente de la experiencia que decidieran qué expresiones se habían mostrado anteriormente al bebé observando su rostro. Los resultados fueron cuando menos curiosos.

Los observadores descubrieron las expresiones vistas anteriormente observando los movimientos faciales de la frente, los ojos y la boca de los bebés. Los pequeños habían imitado suficientemente la expresión vista para que unas personas ajenas a la prueba pudieran descubrir cuál era la que habían visto anteriormente (Field, Woodson, Greenberg y Cohen, 1982).

Conclusión

Sabíamos ya que los bebés eran sensibles a las emociones de sus padres. Por ejemplo, el lactante está más dispuesto a mantener en la boca la tetina si ello provoca en el padre o la madre una expresión de alegría en lugar de un gesto neutro o negativo (Walter-Andrews, 1997). Sin embargo, ciertos trabajos subrayan que desde el nacimiento los bebés son capaces de reconocer las expresiones faciales de nuestras emociones y, algo todavía más curioso, parecen poderlas imitar. Lo que no significa, no obstante, que comprendan que nos sentimos tristes o alegres. Se trata más bien de unas formas rudimentarias de comprensión de emociones sin un auténtico significado afectivo.

Aun así, algunos recién nacidos son capaces de captar los diferentes rasgos que puede adoptar nuestro rostro cuando vivimos alguna emoción, y en principio se diría que se inclinan más por las emociones positivas que por las negativas. O sea, que si acabamos de recibir el resultado de la declaración de la renta, lo mejor será hacer un esfuerzo, pues nuestro bebé nos observa.

Para ir más lejos

FIELD, T.M.; WOODSON, R.; GREENBERG, R.; COHEN, D.: «Descrimination and Imitation of Facial Expression by Neonates», en *Science*, 218, 179-181, 1982.

SERRANO, J.M.; IGLESIAS, J.; LOECHES, A.: «Visual Discrimination and Recognition of Facial Expressions of Anger, Fear and Surprise in 4-to 6-Month-Old Infants», en *Developmental Psychobiology*, 25, 411-425, 1992.

SOKEN, N.H.; PICK A.D.: «Infants Perception of Dynamic Affective Expressions: Do Infants Distinguish Specific Expressions?», en *Child Development*, 70 (6), 1275-1282, 1999.

WALKER-ANDREWS, A.S.: «Infants' Perception of Expressive Behaviors: Differentiation of Multimodal Information», en *Psichological Bulletin*, 121, 437-456, 1997.

34 Un recién nacido, ¿es sensible al grito y al llanto de otro bebé?

La discriminación de distintos gritos de bebé por parte del recién nacido

Ya hace mucho que se detectó que los bebés empezaban a llorar cuando oían a otros hacerlo (Simner, 1971; Sagi y Hoffman, 1976), pero ¿cuál es la razón?

De entrada, porque los lactantes pueden diferenciar entre sus lloros y los de los demás, pero también porque saben identificar la angustia en sus semejantes. Al menos eso es lo que parecen revelar los estudios que presentamos a continuación.

Dondi y sus colegas (1999) realizaron dos pruebas con el objetivo de determinar si los recién nacidos sabían establecer la diferencia entre su llanto y el de otros bebés. En el primer caso hicieron escuchar a 20 recién nacidos completamente despiertos los gritos y lloros de otros bebés así como los suyos, grabados con anterioridad en cinta. Los investigadores observaron las expresiones faciales de los bebés durante la difusión de estos estímulos. Gracias a un procedimiento por el que la tetina entraba en contacto con una grabadora, vieron también si los bebés modificaban su forma de succionar en función de los diferentes sonidos que oían (técnica de la succión no nutritiva, ver página 216). La segunda experiencia reproducía la primera salvo en un detalle: en esta ocasión los lactantes estaban dormidos.

Resultados: los recién nacidos presentaron más expresiones faciales de angustia y sus rostros se enrojecieron más al oír el llanto de otros bebés. Se observó también esta conducta con los be-

bés dormidos. Además, ante el lloro desconocido los pequeños chuparon menos la tetina que al escuchar su propio llanto.

Los resultados indican que el recién nacido reconoce su propio llanto entre los de otros bebés. Demuestran también la eficacia que puede tener el grito de un recién nacido: ¡producir señas de angustia en la expresión de otro bebé de la misma edad!

Conclusión

De modo que los recién nacidos distinguen entre su propio llanto y el de otro bebé. Y lo que sorprende más es la eficacia de dicho llanto, pues consigue inducir angustia en el otro.

Pero ¿cuál es la razón? Probablemente la capacidad de respuesta del bebé a la angustia de otro a través de la emoción sea una forma de empatía primitiva, que seguirá desarrollándose y finalmente desembocará en la aptitud que poseemos los adultos de ponernos a veces en la piel de otro.

Para saber más

DONDI, M.; SIMION, F.; CALTRAN, G.: «Can Newborns Discriminate Between their Own Cry and the Cry of Another Newborn Infant?», en *Developmental Psychology*, 35 (2), 418-426, 1999.

SAGI, A.; HOFFMAN, M.L.: «Empathic Distress in the Newborn», en *Developmental Psychology*, 12, 175-176, 1976.

SIMNER, M.L.: «Newborn's Response to the Cry of Another Infant», en *Developmental Psychology*, 5,136-150, 1971.

35 Nuestro bebé, ¿es capaz de discernir entre una música triste y otra alegre?
Percepción de las dimensiones afectivas en la música por parte del bebé de ocho meses

Probablemente el lector habrá visto a algún bebé que baila al ritmo de la música. A veces improvisa pequeñas coreografías, que acompaña con sonrisas. Los bebés parlotean moviéndose hacia delante y hacia atrás y parecen apreciar mucho la música.

De todas formas, ya que hablan un lenguaje que nosotros no conocemos, siempre es difícil adivinar sus preferencias, sobre todo en materia musical. También cuesta adivinar si experimentan las mismas emociones que nosotros ante distintos tipos de música. Evidentemente, lo decíamos sin tener en cuenta el ingenio de una investigadora, que imaginó una prueba muy audaz para determinar si el bebé percibía la tristeza en la música triste y la alegría en la alegre.

Nawrot (2003) mostró a 20 bebés de ocho meses la foto de un rostro triste y de otro alegre al tiempo que les ponía música alegre o triste.[1] La psicóloga observó luego el tiempo que pasaban los bebés contemplando una foto y otra.

---

1. Unos adultos habían determinado como pasajes alegres el Concierto n.º 5 de Mozart, *Allegro aperto*, y como tristes las *Variaciones Goldberg* de Bach por Glenn Gould, aria 16, movimiento de obertura.

> *Se dio cuenta de que al sonar la música alegre los bebés observaban durante más tiempo la foto alegre que cuando oían la música triste. ¿Por qué observaron más la foto alegre cuando oían la música alegre? A pesar de que no se observaron los mismos resultados con la foto triste, al parecer los bebés de ocho meses diferenciaron entre los dos tipos de música y optaron por la alegre. Algo que no tiene que sorprendernos, pues sabemos que los pequeños prefieren lo afectivamente positivo frente a lo que no lo es (Soken y Pick, 1999).*

Conclusión

Algunos estudios pretenden demostrar que el bebé es capaz de interpretar la emoción de la música. Si esto fuera cierto, sería muy posible que nuestro bebé optara por una música alegre y no por el *Adagio* de Albinoni.

NAWROT, E.: «The Perception of Emotional Expression in Music: Evidence from Infants, Children and Adults», en *Psychology of Music*, 31 (1), 75-92, 2003.
SOKEN, N.H.; PICK, A.D.: «Infants' Perception of Dynamic Affective Expressions: Do Infants Distinguish Specific Expressions?», en *Child Development*, 70 (6), 1275-1282, 1999.
ZENTNER, M.R.; KAGAN, J.: «The Perception of Music by Infant», en *Nature*, 383, p. 29, 1996.

Parte 5
El raciocinio del bebé

36 ¿El bebé es tonto?
El raciocinio del bebé

Muchos piensan que el bebé no comprende nada del mundo físico que observa. Craso error. Dediquémonos a observar y pronto comprobaremos que el bebé es ya un pequeño científico que posee nociones sobre la ley de la gravedad (por ejemplo: si suelto la galleta, se cae) o sobre las reacciones causa-efecto (por ejemplo: si lloro, viene mamá).

Pero los investigadores han querido saber más, en especial sobre a qué edad surge este tipo de razonamiento.

En una prueba se investigó si unos bebés de tres meses y medio se daban cuenta de que era posible meter un objeto en el interior de un recipiente abierto por su parte superior, pero no en un recipiente cerrado (Hespos y Baillargeon, 2001).

Dichos investigadores utilizaron el método conocido como romper las expectativas: los bebés veían dos series de acontecimientos. La primera seguía las expectativas y la segunda las rompía. Si los pequeños observaban durante más tiempo el segundo acontecimiento, podía deducirse que detectaban la rotura de expectativas y, por consiguiente, seguían teniéndolas.

Después de una fase de familiarización, uno de los psicólogos se colocó delante del bebé. Le presentó dos cilindros, uno grueso y otro más delgado. Enseñó al pequeño que el grueso estaba hueco, luego lo levantó y colocó en su interior el más pequeño (ver «primera manipulación», figura 10). Luego, el investigador repitió la manipulación, pero con una particularidad: la superficie supe-

Serge Ciccotti

rior del recipiente estaba cerrada (ver «segunda manipulación», figura 10). Era, pues, imposible hacer bajar el objeto en el interior del recipiente, y sin embargo el psicólogo lo conseguía (en realidad, el recipiente poseía una tapa magnética que se adhería al fondo del cilindro delgado y, por tanto, podía bajar con él).

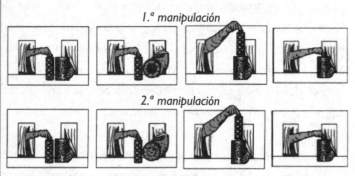

1.ª manipulación

2.ª manipulación

Figura 10

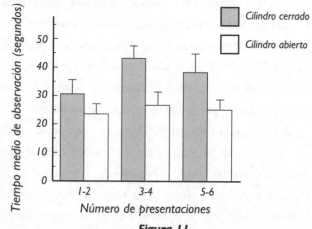

Figura 11

150

> *Se repitieron las manipulaciones seis veces. Los resultados de-*
> *mostraron que los bebés habían observado durante más tiempo*
> *la secuencia del cilindro cerrado que la del cilindro abierto (ver*
> *figura 11).*

Los psicólogos probaron una vez más la experiencia con bebés más pequeños (dos meses y medio). Los resultados apuntan a que a esta edad el bebé sabe que puede colocar un objeto dentro de otro cuando éste está abierto y no cerrado.

Conclusión

A partir de los dos meses y medio, el bebé ha adquirido un concepto que se basa en una simple distinción: abierto/cerrado. Se da cuenta de que puede meterse o retirarse un objeto en un recipiente abierto, pero no en uno cerrado. Así, a los tres meses, a nuestro bebé le sorprenderá que pasemos de un lado a otro de la puerta de su habitación para salir.

Pues como se suele decir, tampoco vamos a pedir peras al olmo...

Para ir más lejos

HESPOS, S.J.; BAILLARGEON, R.: «Reasoning about Containment Events in Very Young Infants», en *Cognition*, 78, 207-245, 2001.

37 ¿El bebé tiene expectativas?
La creación de expectativas

Los recién nacidos, ¿son capaces de prever acontecimientos? Un experimento demuestra que sí.

Blass, Ganchrow y Steiner (1984) tuvieron la idea de experimentar poniendo una gota de agua azucarada en la parte izquierda de la boca de un recién nacido un momento después de haberle tocado la parte izquierda de la frente con el dedo. Lo repitieron unas cuantas veces con diferentes bebés. En cuanto les tocaban la frente, los investigadores se dieron cuenta de que volvían automáticamente la cabeza hacia el lado del contacto para captar la gota de agua azucarada que podía llegar allí. Y lo más sorprendente es que los pequeños se agitaban y daban signos de ansiedad si no les llegaba la gota tras el contacto con la frente. Hacían gestos negativos ante la supresión del estímulo táctil. Los bebés habían previsto lo que ocurriría.

En otro estudio se hizo oler a unos recién nacidos, de un día, un perfume suave a base de limón y se les dio luego una caricia. A otros se les dio sólo la caricia (sin el perfume) y al resto únicamente se les dio a oler el perfume. Se repitió la experiencia 10 veces durante treinta segundos.

Al día siguiente, todos los recién nacidos olieron el perfume a limón y se les filmó. Una persona que ignoraba el grupo al que pertenecía cada bebé hizo una valoración de las conductas. Los resultados indicaron que únicamente los bebés que habían recibido una caricia tras oler el perfume a limón volvieron la cabeza hacia éste. Se hizo oler también el perfume de flores a los mismos bebés: no hubo reacción. En este caso, los pequeños tenían también sus expectativas en cuanto a la continuación de los acontecimientos (Sullivan, Taborsky-Barba, Mendoza, Itano, Leon, Cotman, Payne y Lott, 1991.

Conclusión

No nos rompamos la cabeza cavilando por qué el bebé se muestra alegre cuando oye llegar a casa a su padre, a su madre o incluso a su hermano mayor, que tira la mochila al entrar gritando: «¡Soy yo!». El bebé reconoce las voces y ya cuenta con la relación positiva que va a establecer. Algo que para él es fuente de placer.

Para ir más lejos

BLASS, E.M.; GANCHROW, J.R.; STEINER, J.E.: «Classical Conditioning in Newborn Humans 2-48 Hours of Age», en *Infant Behavior and Development*, 7, 223-235, 1984.

SULLIVAN, R.M.; TABORSKY-BARBA, S.; MENDOZA, R.; ITANO, A.; LEON, M.; COTMAN, C.; PAYNE, T.; LOTT, Z.: «Olfactory Classical, Conditioning in Neonates», en *Pediatrics*, 87, 511-518, 1991.

38 ¿A qué edad establece el bebé la diferencia entre «No quiero» y «No puedo»?
La comprensión de las acciones intencionales en el bebé

A una cierta edad, nuestro bebé comprenderá que nuestros movimientos corporales son actos intencionados. Se trata de una etapa importante, pues marca el inicio de la teoría del espíritu.[1]

El bebé captará que cuando cogemos una cerilla es para encenderla. Entenderá que las acciones tienen un objetivo.

De todas formas, los investigadores no saben a ciencia cierta a qué edad el bebé deja de reaccionar ante el resultado externo de una acción para comprender que ésta está determinada por un objetivo. Por ejemplo, el bebé ha visto que su padre se sirve un vaso de agua y se lo bebe. Cuando ve más

---

1. La teoría del espíritu es la capacidad de comprender la conducta de otro atribuyéndole estados mentales independientes. Se trata de poder plantear hipótesis sobre lo que tienen en la cabeza los otros, sus intenciones, sus convicciones, etc. El pequeño desarrolla del todo esta capacidad hacia los tres o cuatro años. A partir de ahí es capaz de inferir la reacción de una persona frente a una situación, imaginándose a sí mismo en su lugar. Éste es también el inicio de la empatía. Por ejemplo, si nuestro bebé sabe que tenemos las zapatillas debajo del armario (algo que nosotros ignoramos) y que su lugar habitual está bajo la cama, espera que de entrada miremos bajo la cama. Sabe que tenemos falsas convicciones, que nos llevarán a equivocarnos porque no tenemos en cuenta algo que él sí sabe.

tarde que su madre se sirve un vaso de agua, ¿se trata para él de la continuación lógica de una secuencia de comportamiento que ha observado ya? ¿O entiende que las acciones de manipular el vaso, servirse agua y llevársela a la boca son realmente intencionadas y determinadas para la consecución de un objetivo, el de beber?

Una serie de investigadores (Behne, Carpenter, Call, Tomasello, 2005) realizaron hace poco un estudio para arrojar luz sobre el enigma. Imaginaron un escenario en el que unos adultos dejaban a unos bebés sin un juguete, ya fuera intencionada o accidentalmente.

Tomaron parte en esta experiencia una serie de bebés de seis, nueve, doce y dieciocho meses (en total 96). En ella, uno de los investigadores daba un juguete al bebé, de forma que éste lo retuviera y jugara con él durante unos 30 segundos. Acto seguido, el adulto tomaba de nuevo el juguete y le presentaba otro, y así unas cuantas veces.

De vez en cuando, el psicólogo chinchaba al bebé, reteniendo el objeto, retirándoselo en varias ocasiones, al tiempo que sonreía con aire pícaro (situación denominada: No preparada).

Otras veces, el investigador dejaba caer accidentalmente el objeto y, otras, éste se encontraba en el interior de un recipiente transparente del que intentaba abrir la tapa, con esfuerzo pero sin éxito, durante 30 segundos, a la par que expresaba en su rostro la frustración de no haber conseguido el juguete (situación denominada: Tentativa de).

Por fin, en una última situación denominada De distracción, que duraba también 30 segundos, el que llevaba a cabo la prueba mantenía el objeto hacia el bebé con el brazo extendido sin que el pequeño pudiera alcanzarlo. Mientras hacía este gesto, el psicólogo se volvía unas cuantas veces hacia otra persona que se encontraba en la misma estancia para hablar con ella. En estos momentos su expresión facial era neutra, como si estuviera concentrado en la conversación.

Los resultados demostraron que a partir de los nueve meses, los bebés respondían de forma adecuada. Se mostraban más impacientes (agitaban los brazos e intentaban alcanzar el objeto) cuando el investigador no estaba muy dispuesto a darles el juguete (les chinchaba) que en la situación de inaccesibilidad del objeto. Los bebés de seis meses, en cambio, no reaccionaron de forma distinta en estas situaciones. Mostraron la misma impaciencia.

Hacia los nueve meses, los bebés, aparte de percibir los movimientos corporales exteriores de los demás, interpretan también sus actos en función del objetivo que entrevén. De cara al mismo resultado, establecen perfectamente la diferencia entre los distintos objetivos del adulto, ya sea la meta de éste darle el juguete (aunque no llegue a hacerlo), ya se haya marcado el objetivo de no dárselo, para fastidiarle, por ejemplo.

El bebé sabe a qué debe atribuir el éxito o el fracaso de una acción («No he conseguido el juguete»). Comprende que a veces la intención existe, aunque no se consiga el resultado, y que el adulto ha pretendido sin éxito cubrir el objetivo, lo que para él no es lo mismo que no haber alcanzado el juguete por otra razón: «El adulto tiene como objetivo no darme el juguete».

Conclusión

A partir de los nueve meses de edad podemos demostrar al bebé nuestra incapacidad a la hora de satisfacer uno de sus deseos explicándole, pero nunca mostrándole, que nos resulta imposible actuar. Si el bebé manifiesta impaciencia respecto a la comida, por ejemplo, le mostraremos que se la estamos preparando; enseñándole la cazuela comprenderá que si andamos de cabeza es para cubrir un objetivo: prepararle la sopa.

Para ir más lejos

BEHNE, T.; CARPENTER, M.; CALL, J.; TOMASELLO, M.: «Unwilling versus Unable: Infants' Understanding of Intentional Action», en *Developmental Psychology*, 41, 328-337, 2005.

39 Cuando papá ha desaparecido, ¿sigue existiendo para el bebé? La permanencia del objeto

Si escondemos el peluche preferido de nuestro bebé de seis meses bajo una toalla, imaginamos que él la levantará para coger el juguete. Lo pensamos por dos razones: en primer lugar, lo hemos escondido ante sus ojos, y, en segundo lugar, se nota perfectamente la forma del conejito bajo la toalla. Pues no, el bebé no buscará su pequeño conejo bajo la toalla.

Hace unos sesenta años, uno de los más ilustres investigadores en el campo de la psicología infantil (Piaget, 1937) dedujo a partir de esta observación que el objeto escondido deja de existir para el bebé. Piaget opinaba que el objeto se hacía «permanente» más tarde (nunca antes de los dos años) y de forma progresiva. En efecto, si llevamos a cabo de nuevo la prueba hacia los diez meses, el bebé levanta directamente la toalla para recuperar su juguete. En cambio, si en una segunda ocasión escondemos el juguete en otra parte, siempre delante de la vista del bebé, él seguirá buscándolo bajo la toalla, es decir, donde se lo habíamos escondido la primera vez.

Hoy en día, sin embargo, sabemos que el bebé de tres meses es capaz de comprender que un objeto que acaba de desaparecer sigue existiendo, aunque él no lo vea.

Una de las numerosas investigaciones llevadas a cabo en este campo consistía en mostrar a unos bebés de tres meses un juguete que se desplazaba de un lado a otro en un escenario. En esta fase de habituación, el ratoncito pasaba por delante de una pantalla (una especie de escondite rectangular) y reaparecía en el otro lado. Los bebés contemplaban esta escena. Seguidamente se cambiaba el escondite: se sustituía por otro en el que se veía una ventana en su parte superior o inferior. El ratoncito continuaba con sus desplazamientos. Cuando la ventana estaba arriba, no se veía el ratoncito, pues era demasiado pequeño para aparecer. Pero cuando la ventana estaba abajo, ¡el ratoncito no salía cuando tenía que hacerlo! Aparecía desde el otro lado, pero sin haberse hecho visible en la ventana de en medio a pesar de ser tan pequeño.

Fase de habituación

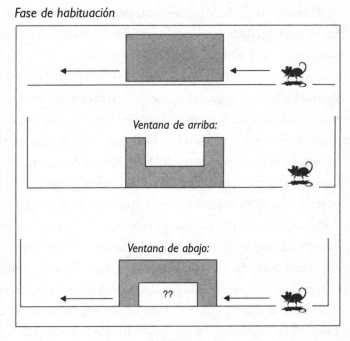

Figura 12

Al observar a los bebés, los investigadores se fijaron en que éstos habían estado durante más tiempo pendientes de la tercera situación, la de la ventana de abajo, que de la de la ventana de arriba.

Parece ser que a los pequeños les había sorprendido no ver aparecer al ratoncito en la ventana. Es algo que presupone que para el bebé, el ratoncito escondido sigue existiendo tras haber desaparecido detrás de la pantalla, y que él considera que el objeto no puede desaparecer y volver a salir por el otro lado sin hacerse visible antes en la ventana de abajo (Aguiar y Baillargeon, 2002).

Contrariamente a lo que se había pensado durante mucho tiempo, ha quedado establecido que el bebé no piensa que un objeto deja de existir cuando no está visible.

En cambio resulta más difícil explicar por qué el bebé busca un objeto en el lugar en el que ha desaparecido la primera vez cuando nos ha visto esconderlo en otro sitio. Es probable que el bebé sepa dónde está escondido el objeto aunque no lo busque en el lugar adecuado. Hay que ser conscientes de que no basta con que un lactante sea capaz de coger un objeto para tenerlo todo resuelto en el campo de la psicomotricidad. Le queda mucho camino por recorrer en el terreno de la planificación gestual. Así, al haber llevado a cabo con anterioridad una maniobra en la que ha obtenido resultados positivos, tenderá a repetirla, aunque intuya más o menos que la situación es distinta y que tiene pocas posibilidades de éxito. Les ocurre un poco como a nosotros, los adultos, cuando buscamos las llaves del coche. Vamos directamente a un lugar que hemos revisado ya, aunque sepamos a ciencia cierta que tenemos muy pocas posibilidades de encontrarlas allí.

Conclusión

Cuando papá se va a trabajar, no deja de existir para su bebé, simplemente está fuera, y si su hija ríe al verlo de nuevo, no lo hace porque le sorprende ver aparecer a un fantasma, sino ante la expectativa de la relación placentera de la que disfrutará con él.

De la misma forma, si el bebé llora cuando la madre sale de su habitación no es porque se imagine que ha desaparecido para siempre, sino porque le cuesta situar el lugar en el que se encuentra, que puede ser simplemente la habitación de al lado.

Para ir más lejos

AGUIAR A.; BAILLARGEON R.: «Developments in Young Infants' Reasoning about Occluded Objects», en *Cognitive Psychology*, 45, 267-336, 2002.

PIAGET J.: *La Construction du réel chez, l'enfant*, París, Delachaux y Niestle, 1937.

40 ¿Nuestro bebé de cinco meses sabe contar hasta tres?
Representación amodal de pequeñas cantidades en los bebés de cinco meses

Por sorprendente que nos pueda parecer, la repuesta a esta pregunta es que sí.

En efecto, hace poco, unos investigadores de CNRS y de las universidades de Grenoble y París demostraron que el bebé sabía establecer la diferencia entre dos y tres, aunque no entre otras cantidades. Y que en este sentido diferenciaba tanto a través de la vista como del tacto.

El bebé de cinco meses es, pues, capaz de establecer la diferencia entre cantidades muy reducidas.

A fin de hacer patente esta curiosa conclusión, los investigadores (Féron, Gentaz y Streri, 2006) entregaron a unos veinte bebés de cinco meses dos o tres objetos distintos (cubo, anilla y esfera) para que los aguantaran en su mano derecha, sin poder verlos.

Figura 13. (© J. Féron/CNRS)

Luego, mostraron a los bebés imágenes que contenían dos o tres objetos.

Figura 14. (© J. Féron/CNRS)

Como puede verse en las imágenes de arriba, las formas de las imágenes eran distintas a los objetos para poder medir la diferencia en cuanto a cantidad y no a forma.

> *Se observó a los bebés que estaban frente a las imágenes y, ¡sorpresa!*
>
> *Los bebés que tenían dos objetos en la mano derecha mostraron sorpresa, es decir, observaron durante más tiempo la imagen que contenía tres objetos que la de dos.[1] Por el contrario, los que habían tenido tres objetos pasaron más tiempo observando la imagen con dos objetos que la de tres. Los investigadores repitieron la prueba con otros 24 bebés y obtuvieron los mismos resultados.*

Esta experiencia es realmente desconcertante. Da fe de la sensibilidad del bebé ante las cantidades reducidas y también de una destreza abstracta de características numéricas.

Conclusión

En el campo de la psicología del bebé hacemos nuevos descubrimientos todos los días: los de cinco meses diferencian perfectamente entre 2 y 3. Memorizan la cantidad de objetos que han tocado y son capaces de reconocer esta cantidad concreta cuando se les muestra en una imagen. En pequeñas cantidades poseen, pues, *representaciones mentales amodales* (es decir, independientes de los sentidos).

A partir de los cinco meses, el pequeño posee una visión abstracta de un número reducido: dos o tres, aunque no más. Esta sensibilidad respecto a cantidades reducidas pa-

---

1. Un mayor tiempo de observación demuestra la reacción ante la novedad.

rece durar bastante, puesto que cuando empieza a hablar cuenta con rapidez hasta tres, pero a partir de aquí muestra más dificultad.

Sabremos el porqué cuando le leamos el cuento *Los tres cerditos*, pues se sorprenderá mucho si nos olvidamos de uno de ellos.

Para ir más lejos

FÉRON, J.; GENTAZ, E.; STRERI, A.: «Evidence of amodal representation of small numbers across visuo-tactile modalities in 5-month-old infants», en *Cognitive Development*, febrero de 2006.

El lenguaje del bebé

41 ¿Nuestro bebé es políglota? De ser así, ¿hasta qué edad?
Capacidades innatas de percepción de las diferencias lingüísticas

Existen determinadas lenguas, sonidos específicos, «contrastes fonéticos», como se suele decir, que únicamente las personas que hablan un cierto lenguaje son capaces de identificar. Por ejemplo, en la lengua hindi, existe «DA» y «da». Para nosotros, los europeos, que no diferenciamos entre una palabra y otra, «DA» y «da» son idénticas. Nos resulta prácticamente imposible percibir una levísima diferencia de acentuación entre ambas. ¿Y para el bebé?

En 1988, Werker y Lalonde, investigadores interesados en el tema de la adquisición del lenguaje por parte del niño, llevaron a cabo una experiencia sorprendente.

Hicieron participar en ella a ocho bebés de seis a ocho meses y a ocho más de ocho a doce meses, así como a dos grupos de 18 ingleses y cinco indios que hablaban el hindi. Todos los padres de los bebés eran exclusivamente anglófonos.

Hicieron escuchar a los bebés (y a los adultos) unas series de fonemas presentes en las lenguas europeas (Ba Ba Ba Da Da Da) y otras en lengua hindi (DA DA DA da da da). Mediante el procedimiento llamado head-turning,[1] los psicólogos pudieron saber si los

---

1. Se transmiten, a la izquierda o a la derecha del bebé, unas palabras por medio de altavoces y se observa la rotación de la cabeza del pequeño

bebés diferenciaban entre los distintos cambios en las series de fo-
nemas presentadas. Pudieron confirmar así quien era capaz de cap-
tar una diferencia entre los contrastes fonéticos inglés e hindi.

Los resultados demostraron que los adultos ingleses diferencia-
ban con facilidad ba y da. En cambio les costaba mucho diferenciar
entre «DA» y «da», en cambio a los adultos de lengua hindi, no.

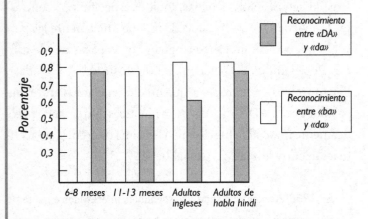

Figura 13. *Proporción de respuestas correctas en función de la*
experiencia lingüística de los participantes en las series DA/da y ba/da.

Respecto a los bebés, se constató que los más pequeños (6-8 me-
ses) eran tan capaces como los indios de establecer la diferencia
entre «da» y «DA», aunque curiosamente tal habilidad parecía de-
saparecer a partir de los once meses. Desde esta edad, se com-

---

para deducir un reconocimiento. Para más detalles sobre el procedimiento *head-turn*, ver Kuhlm P.K.: «Perception of Speech and Sound in Early
Infancy», en P. Salapatek y L. Cohen (eds.), *Handbook of Infant Percep-*
tion, vol. 2, pp. 275-382, Nueva York, Academic Press, 1987. Ver también
página 217, «Procedimiento de rotación de la cabeza».

portaban como los adultos, es decir, eran incapaces de discriminar un contraste no utilizado en su lengua materna (ver figura 13).

Conclusión

En los primeros meses de vida, el lactante es capaz de reconocer todos los contrastes fonéticos utilizados en todas las lenguas del mundo. Una capacidad que se pierde hacia los diez meses.

Al parecer, alrededor de esta edad, la percepción del bebé se reorganiza alrededor sólo de los fonemas de la lengua materna.[2] Entonces nuestros bebés se convierten en sordos respecto a los acentos y contrastes lingüísticos de las otras lenguas humanas. Es esta sordera perceptiva la que explicaría por qué nos resulta tan difícil adquirir una segunda lengua al hacernos mayores.

Para saber más

WERKER, J.F.; LALONDE, C.E.: «Cross-Language Speech Perception: Initial Capabilities and Developmental Change», en *Developmental Psychology*, 24 (5), 672-83, 1988.

---

2. El reconocimiento precoz específico de las categorías fonéticas de la lengua materna implica una red de neuronas en una zona situada en la parte superior y posterior de la primera circunvolución temporal, hundida en la hendidura de Sylvius (zona temporal) y predominante a la izquierda (Näätänen, R.; Lehtokovski, A.; Lennes, M.; Cheour, M.; Huotilainen, M.;Livonen, A.; Vainio, M.; Alku, P.; Ilmoniemi, R.J.; Luuk, A.; Allik, J.;Sinkonen, J.; Alho, K.: «Language-Specific Responses», en *Nature*, 4, 385-432, 1997).

Serge Ciccotti

42 ¿Nuestro bebé distingue con facilidad su lengua materna entre las otras lenguas?
La discriminación de las lenguas por el bebé

¿Los recién nacidos pueden modificar la succión para solicitar frases en su lengua materna en lugar de otras pronunciadas en otra lengua?

Al parecer, sí.

> En una prueba, Moon, Cooper y Fifer (1993) evaluaron las preferencias de una serie de bebés de un día entre su lengua materna y otra lengua. Los recién nacidos, cuyas madres eran de lengua española e inglesa, fueron sometidos a la técnica de la «succión no nutritiva». Así, oyeron grabaciones de textos leídos por una mujer española y por una mujer inglesa. Los psicólogos constataron que los recién nacidos activaban (gracias a la tetina) más y durante unos períodos más largos las grabaciones hechas en su lengua materna que las otras. Queda claro, pues, que los recién nacidos de unas horas reconocen ya su lengua materna.

Otros trabajos también demostraron que los bebés se volvían con más rapidez hacia un altavoz que difundía frases en su lengua materna que hacia otro que las emitía en una lengua desconocida para ellos (ver la figura 14). En el trabajo de Dehaene-Lambertz y Houston (1998), se colocaron dos altavoces a uno y otro lado del bebé, a 30 grados. Se dedujo el tiempo de reacción de los bebés por la orientación hacia la dirección del altavoz que difundía el texto (frases de *Los tres cerditos* en francés y en inglés).

Con bebés de cuatro meses (catalanes y españoles) y utilizando también este procedimiento, Bosch y Sebastian-Galles (1997) descubrieron las mismas pautas en los resultados.

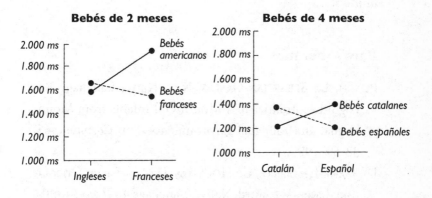

Tiempo de reacción de 28 bebés de 2 meses respecto a su lengua materna y a una lengua extranjera. Los lactantes se orientan con más rapidez hacia los enunciados hechos en su lengua materna que hacia los que oyen en una lengua extranjera (Dehaene-Lambertz & Houston, 1998).

Tiempo de reacción de 20 bebés de 4 meses en cuanto a su lengua materna y a una lengua extranjera. Los lactantes se orientan con más rapidez hacia los enunciados hechos en su lengua materna que hacia los realizados en una lengua extranjera (Bosch & Sebastian-Galles, 1997).

Figura 14

Serge Ciccotti

Conclusión

Ya sean catalanes, españoles, ingleses, franceses o croatas, tengan un día, dos días o cuatro meses, los bebés reconocen su lengua materna.

Es probable que esta familiarización empiece muy pronto, en el vientre de la madre. Efectivamente, ya hemos visto (página 71) que el feto es receptivo a los sonidos y capaz de reconocer la voz de la madre una vez ha llegado al mundo.

Para saber más

BOSCH, L.; SEBASTIAN-GALLES, N.: «Native-Language Recognition Abilities in 4-Month-Old Infants from Monolingual and Bilingual Environments», en *Cognition*, 65, 33-69, 1997.

DEHAENE-LAMBERTZ, G.; HOUSTON, D.M.: «Faster Orientation Latency toward Native Language in Two-Month-Old Infants», en *Language and Speech*, 41, 21-43, 1998.

MOON, C.; COOPER, R.P.; FIFER, W.P.: «Two-Day Olds Prefer their Native Language», en *Infant Behaviour and Development*, 16, 495-500, 1993.

43 Los bebés nacidos en una región concreta, ¿tienen el acento de la zona?

Influencia de la entonación de la lengua materna en el parloteo del bebé

Los bebés parlotean...[1] Algunos tienen incluso mucha labia. Ahora bien, lo de saber de qué hablan...

Podemos imaginarnos que el bebé intenta reproducir lo que oye a su alrededor. Su familia habla todo el tiempo. La madre, el padre, los hermanos y hermanas se dirigen a él por medio del lenguaje. ¿Por qué no tendría que hacer lo mismo él?

Es precisamente lo que hace.

Costaría saber si los bebés brasileños hablan de fútbol y los bebés italianos, de coches deportivos. Lo que sí sabemos hoy es que un bebé de una región no parlotea como el de otra.

Se grabó el parloteo de 20 bebés de diez meses en su entorno cultural y familiar. Cinco en París, cinco en Londres, cinco en Argel y cinco en Hong Kong (De Boysson-Bardies, Halle, Sagart y Durand, 1989). La grabación duró una hora en la casa de cada uno de los pequeños y en presencia de su madre.

Gracias a un analizador de espectro, se estudiaron y compararon 1.047 vocales pronunciadas por los citados bebés. Los investi-

---

1. El término *parloteo* se usa para definir el lenguaje que aparece entre los seis y ocho meses de vida del bebé. El pequeño articula sílabas que luego combina. A este nivel los padres son incapaces de reconocer las palabras.

gadores vieron entonces que las vocales se pronunciaban de forma distinta según el origen del bebé. Y al comparar la pronunciación de estas vocales con la de los adultos del país de origen, constataron una gran similitud: encontraron las mismas diferencias entre el habla de los adultos de estas distintas lenguas.

El estudio sugiere que los bebés prestan una gran atención a la entonación en su lengua materna. Por consiguiente, las propias vocalizaciones de los pequeños se verán afectadas por estos acentos.

Conclusión

Nuestro bebé nos escucha. Pero hay algo aún más sorprendente: reproduce también los acentos y la entonación de nuestra lengua. El bebé, además de adquirir el léxico (el vocabulario), capta también la entonación exacta de su entorno verbal. Antes de que comprendamos lo que nos dice, ya habrá recibido una gran influencia de las características de su entorno lingüístico.

Además, los acentos nos influyen igual que las palabras. Por otra parte, al hacernos mayores a menudo es difícil olvidarlos.

Para saber más

DE BOYSSON-BARDIES, B.; HALLE, P.; SAGART, L.; DURAND, C.: «A Crosslinguistic Investigation of Vowel Formants in Babbling», en *Child Language*, 16, 1-17, 1989.

44 ¿Por qué no hay que decir palabrotas delante del bebé?
La memoria del bebé respecto a las palabras pronunciadas

¿Los bebés olvidan lo que oyen? ¿Nuestro bebé puede acordarse de determinadas palabras, aunque sean relativamente complejas y no tengan significado alguno para él?

¿Qué les queda de las palabras que han oído en un cuento que les hemos contado sin mostrarles imágenes ni acompañar la narración con gestos específicos?

En realidad, sabemos muy poco sobre la memoria a largo plazo del recién nacido en cuanto a las palabras. Por ello, Peter Jusczyk y Elizabeth Hohne, dos psicólogos experimentales, se marcaron como objetivo averiguar si los bebés poseían este tipo de memoria, determinante en la adquisición del vocabulario.

En 1997, los dos investigadores grabaron la voz de unas mujeres que contaban tres cuentos distintos, cada una unos diez minutos. Los psicólogos se desplazaron luego a las casas de 15 bebés de ocho meses y les pusieron una vez al día durante 10 días la cinta con los tres cuentos. En definitiva, cada bebé oyó diez veces cada cuento.

Quince días después, es decir a las dos semanas de la última visita a casa de los pequeños, trasladaron a los bebés al laboratorio de Jusczyk y Hohne. Los investigadores confeccionaron unas cuantas listas de 12 palabras. En algunas de éstas figuraban palabras utilizadas en las narraciones (por ejemplo, «jabalí», «pitón» o «*selva*»), *en otras sólo se escribieron palabras con una sonoridad parecida, pero no incluidas en ninguno de los cuentos. Se colocaron los bebés, de uno en uno, en una cabina preparada para este efecto y en la que se había instalado un altavoz. Se fueron leyendo las listas a los pequeños. Encima del altavoz se había colocado una luz, que se encendía durante la lectura.*

Se sabía que mientras el bebé miraba a la luz, escuchaba. En realidad, los investigadores pudieron determinar el tiempo que pasó cada uno de los bebés escuchando cada una de las listas.

Los resultados demostraron que los bebés habían pasado mucho más tiempo (15%) escuchando las listas de las palabras de los cuentos que las otras. No obstante, los investigadores quisieron asegurarse de que los pequeños no escuchaban más tiempo las palabras de los cuentos por el simple hecho de haberlas encontrado más interesantes. Por otra parte, se llevó a otro grupo de bebés al laboratorio. En este caso, no habían oído los cuentos grabados. Cuando se les hicieron escuchar las listas de palabras, no mostraron ningún tipo de preferencia, e incluso escucharon durante algo más de tiempo las palabras no incluidas en los cuentos. Como media, pasaron seis segundos con las palabras de los cuentos y algo más con el resto. Los que habían oído antes los cuentos, invirtieron una media de seis segundos en las palabras desconocidas y de siete en las incluidas en los cuentos. Un segundo puede parecer algo irrisorio, pero a pesar de todo confirma la diferencia entre los dos grupos de bebés.

Lo más sorprendente es que los bebés identificaron las palabras aunque se pronunciaran de forma distinta en la lista y en el cuento. En efecto, los psicólogos les leyeron las palabras de la forma que uno lee una lista de la compra, con una forma acústica distinta de aquella tan expresiva con la que habían grabado el cuento las lectoras.

La experiencia demostró que los bebés recordaban las palabras que habían oído en los cuentos quince días antes. Lo que oyeron en su casa tuvo una influencia respecto a su recuerdo. Jusczyk opina que los bebés de ocho meses aprenden de memoria las palabras que se utilizan con frecuencia en las conversaciones, lo que representa una cuestión previa importante en la adquisición del lenguaje.

Conclusión

Hacia los dieciocho meses, aumentan de repente el vocabulario y el lenguaje del niño y los científicos no saben por qué. La investigación de Jusczyk y Hohne defiende la siguiente teoría: el niño empieza a registrar los ruidos y los distintos sonidos de las palabras cuando aún es bebé (el estudio de la lengua exige el registro de los ruidos y de los significados). De pronto se ve capaz de establecer el vínculo entre dichos ruidos (palabras) y unos significados. Su estudio demuestra que los niños de corta edad memorizan los ruidos de las palabras, incluso cuando no han aprendido todavía su sentido. Luego, cuando empiezan a desarrollarse sus capacidades lingüísticas, todo está a punto.

Para Jusczyk, «es como trabajar en un rompecabezas. Se encuentran unos fragmentos inconexos y de pronto todo encaja rápidamente». El bebé puede recordar el ruido de las palabras casi un año antes de comprender su significado.

Muchos científicos creían que el bebé empezaba por comprender un concepto y posteriormente encontraba la palabra que lo describía. El estudio de Jusczyk y Hohne demuestra que en realidad los niños de corta edad retienen las informaciones que no guardan ninguna relación con nada de lo que almacenan en su memoria. Cuentan con una viva memoria que les permite guardar la información que sea sin que tenga significado para ellos. Son capaces de oír conversaciones de adultos y memorizar palabras de éstas, e incluso retener palabras de los cuentos que les leemos.

De modo que atención a lo que decimos, pues unos inocentes oídos podrían estar escuchando.

Para saber más

JUSCZYK, P.W.; HOHNE, E.A.: «Infants' Memory for Spoken Words», en *Science*, 277, 1984-1986, 1997.

45 ¿A qué edad comprende nuestro bebé que «mamá» somos nosotras?
El inicio de la comprensión de las palabras

Cuando nuestro bebé oye la palabra «mamá», ¿sabe que se trata de «su» madre? Y cuando oye «papá», ¿sabe que se trata de «su» padre? En general, las primeras palabras del bebé son «mamá» y «papá». Cabe decir que son palabras que se pronuncian muy a menudo a su alrededor: «Mira, ahí está papá», o bien: «Mamá te dará de comer», etc. Pero ¿a qué edad relacionará el bebé estas palabras con un significado?

Tincoff y Jusczyk (1999) quisieron dar respuesta a la pregunta y saber a qué edad el bebé podía establecer la relación entre una palabra y un objeto determinado. En concreto, examinaron a partir de qué edad el bebé poseía un léxico que incluyera las palabras directamente relacionadas con las personas socialmente importantes para él, es decir, sus padres.

A fin de descubrir a qué edad asocia el bebé las palabras «papá» y «mamá» a uno de los padres, los psicólogos llevaron a cabo una prueba con 24 lactantes de seis meses.

Se filmaron en un laboratorio, sobre un fondo blanco, los rostros de cada uno de los padres. Se colocó al pequeño en el regazo de la madre. Se dispuso un monitor de televisión a su izquierda y otro a su derecha. En ellos se pasaban imágenes o bien de la madre o bien del padre. De pronto una voz artificial decía: «papá» o «mamá».

Los investigadores observaron que los bebés pasaban más tiempo mirando la imagen del padre o la madre citados que la del otro.

Pero quienes llevaban a cabo la experiencia no se detuvieron aquí. Quisieron eliminar otra explicación. En efecto, podía creerse que los bebés tendían a reagrupar toda una categoría de objeto en la misma etiqueta. Así como el pequeño podía utilizar la palabra «perro» para llamar a un gato, a una vaca o a cualquier animal de cuatro patas, la palabra «mamá» se podía emplear de la

179

misma forma, es decir, para incluir a todas las mujeres, y la pala-
bra «papá», para llamar a todos los hombres.

Se realizó luego otra prueba con un nuevo grupo de 24 be-
bés de seis meses, a los que se presentaron los vídeos de los pa-
dres de los pequeños de la primera experiencia.

Utilizando el mismo artificio experimental, los investigadores se
fijaron en que los bebés no parecían asociar «mamá» y «papá» a
uno u otro de los padres desconocidos. El tiempo que pasaron ob-
servando tras oír la voz no cambió en función de uno u otro rostro.

Conclusión

Aunque a los seis meses no sea capaz de hablar, nuestro bebé
sabe exactamente quién es su mamá y quién es su papá. Por
otra parte, no hay confusión posible para él: los padres de los
otros niños no son «papá» y «mamá».

Así pues, «mamá» no es una categoría genérica que inclu-
ya a cualquier mujer, de la misma forma que «papá» no es
una etiqueta para describir a todos los hombres.

Se supone que a partir de los seis meses este reconocimiento puede aplicarse también a los nombres de otros
miembros del entorno (el hermano, la hermana).

Para saber más

TINCOFF, R.; JUSCZYK, P.W.: «Some Beginnings of Word.
Comprehension in 6-Month-Olds», en *Psychological
Science*, 10 (2), 172-175, 1999.

46 Cuando el bebé oye «mano» o «pie», ¿sabe de qué le hablamos?

La capacidad del bebé de seis meses de relacionar palabras con imágenes que nunca ha visto

Cuando jugamos con nuestro bebé es probable que le digamos: «¿De quién es este pie tan pequeñito?», o bien: «¡Mira qué mano!». Poco a poco, el pequeño va estableciendo la relación entre los sonidos de estas palabras y su mano o su pie. Con el tiempo, comprenderá que estamos hablando de su pie y de su mano. Luego, cuando sea mayor (como nosotros) verá que las palabras «pie» y «mano» remiten a unas categorías que incluyen todos los pies y todas las manos del mundo y que dichas palabras no sólo corresponden a *sus* pies y a *sus* manos. Así pues, seguimos planteándonos la siguiente pregunta: ¿A partir de qué edad el bebé será capaz de comprender que las palabras «pies» y «manos» pueden corresponder también a los pies y a las manos de otro? ¿A qué edad sabe que dichas palabras no son más que «la etiqueta» de una categoría mucho más amplia?

Los propios investigadores que habían estudiado el reconocimiento de las palabras «papá» y «mamá» (*cf.* «¿A qué edad comprende nuestro bebé que "mamá" somos nosotras?») quisieron responder a esta pregunta. Se plantearon que si los bebés eran capaces de comprender que la palabra «pie» y la palabra «mano» eran categorías, podrían también relacionar dichos términos con imágenes de pies y de manos que no habían visto en su vida.[1]

> Tincoff y Jusczyk (2000, 2003) concibieron una prueba para 25 bebés de seis meses. Colocaron a cada uno de ellos en el regazo de su madre. Tal como se ve en la foto (figura 15, página siguiente), hicieron parpadear una lucecita naranja para captar la mirada del niño. En cuanto éste dirigía la vista hacia la luz, el responsable de la prueba apartaba el cartón que escondía los dos monitores de televisión y aparecían en ellos dos imágenes (un pie y una mano de mujer). Al mismo tiempo, el pequeño oía una voz que decía «mano» o «pie». Se repitió el ejercicio unas cuantas veces para cada uno de los bebés. Gracias a una pequeña cámara camuflada entre las dos pantallas, los investigadores grabaron el tiempo que pasó cada bebé mirando una imagen u otra en función de las palabras que oía pronunciar. Los resultados demostraron que los bebés pasaron más tiempo observando el pie cuando oían la palabra «pie» y la mano cuando se pronunciaba la palabra «mano».

1. Los investigadores consideraron que los pies y las manos constituían importantes ejemplos de categorías, puesto que todos los pies (así como todas las manos) presentan una similitud importante, en comparación con otras partes del cuerpo, como los ojos o la nariz, que difieren muchísimo entre un individuo y otro. Tincoff y Jusczyk seleccionaron pies y manos de adultos por ser lo suficientemente distintos de los de los niños y constituir ejemplares adecuados de las categorías «pie» y «mano».

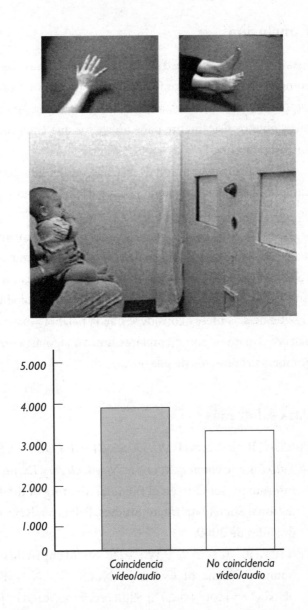

Figura 15. *Tiempo de observación en milésimas de segundo en función de la coincidencia o no coincidencia entre la palabra y la imagen.*

Serge Ciccotti

Conclusión

Esta experiencia demuestra que, ya a los seis meses, los bebés comprenden que determinadas palabras pronunciadas corresponden a categorías, a modelos que pueden aplicarse a otros objetos físicamente parecidos a los que ellos conocen con este nombre.

De esta forma, a partir de los seis meses será capaz de comprender que si el *minino* es un gato, la palabra «gato» podrá aplicarse también al *miau* del vecino.

En cambio lo curioso es que no funcione de la misma forma en cuanto a las palabras «papá» y «mamá», que para el bebé no agrupan a todos los hombres y a todas las mujeres, sino tan sólo a sus padres (ver página 178). Es probable que el bebé de seis meses considere que la palabra «papá» y la palabra «mamá» son ejemplares únicos, algo así como los nombres propios, los de pila, etc.

Para saber más

TINCOFF, R.; JUSCZYK, P.W.: *Do Six-Month-Olds Link Sound Patterns of Common Nouns to New Category Exemplars?*, informe presentado en el Biennial Meeting of the International Society on Infant Studies, Brighton, Reino Unido, julio de 2000.

TINCOFF, R.; JUSCZYK, P.W.: «Do Six-Month-Olds Link Sound Patterns of Common Nouns To New Exemplars?», en HOUSTON, D.; SEIDL, A.; HOLLICH, G.; JOHNSON, E.; JUSCZYK, A. (eds.): *Jusczyk Lab Final Report*, 2003.

47 ¿A qué edad reconoce el bebé su nombre?
Reconocimiento del nombre por parte del bebé

Desde que nace, al bebé lo llamamos por su nombre. Llegará el día en que se reconocerá al oír la palabra. ¿Cuándo será esto? ¿A qué edad nuestra hija distingue ente «Nina» (su nombre) y «Paquita» (el de su tía abuela)?

> *Mandel, Jusczyk y Pisoni (1995) examinaron la capacidad de 24 bebés de cuatro meses y medio a la hora de reconocer su nombre entre otros nombres de una lista.*
>
> *Los investigadores utilizaron la técnica de la rotación de la cabeza (cf p. 216) con los pequeños. Le leyeron a cada uno una lista, en la que se incluía su nombre. Cada vez que lo oía (ya fuera por el altavoz de la derecha o por el de la izquierda), los psicólogos anotaban el tiempo durante el que el bebé miraba la lucecita situada por encima de la pantalla acústica que difundía la voz.*
>
> *Por fin, los investigadores constataron que los bebés habían pasado más tiempo escuchando su nombre que los demás.*

Conclusión

A partir de los cuatro meses y medio, nuestro bebé sabe diferenciar perfectamente su nombre de otro. Lo que no implica que sepa que aquél es su nombre.

Serge Ciccotti

Para él, el «ruido» de esta palabrea es algo que le resulta familiar. ¿Pensamos tal vez que nuestro bebé hace más tiempo que reacciona ante su nombre? Puede que nos hayamos fijado en que mucho antes de los cuatro meses y medio nos miraba cuando lo llamábamos por su nombre. Si es así, probaremos lo siguiente: nos acercaremos a él y diremos, «cortina». Probablemente, si no tiene aún los cuatro meses, volverá la vista hacia nosotros. No hay que confundir el interés que despiertan en el bebé las voces humanas con el reconocimiento de su nombre.

Para saber más

MANDEL, D.R.; JUSCZYK, P.W.; PISONI D.B.: «Infants' Recognition of the Sound Patterns of their Own Names», en *Psychological Science,* 6, 315-318, 1995.

48 ¿Los bebés prefieren el rostro de Monica Bellucci o el de Quasimodo?
La preferencia del bebé por los rostros bellos

¿Nuestro bebé es sensible a la belleza? Una pregunta inquietante. De ser así, incluso los más pequeños sucumbirían a la dictadura de la belleza. Hace mucho que sabemos que ésta

ejerce una importante influencia en la conducta de los adultos,[1] pero ¿qué ocurre con los más pequeños?

Slater y su equipo (1998, 2000) llevaron a cabo una serie
de pruebas en este sentido.

> En una de ellas, examinaron a más de cien bebés de entre cinco
> horas y dos días de vida, mostrándoles unas parejas de fotos, una
> al lado de otra, a unos 30 centímetros de su rostro. Los pequeños
> vieron un gran número de parejas, y en todas, la foto de una mu-
> jer muy guapa y la de otra muy... corriente. ¿Cómo iban a saber
> si la de la imagen era guapa o no tan guapa? Los investigadores
> habían pedido de antemano a unos adultos que evaluaran los ros-
> tros en una escala del uno al cinco.
>
> Los resultados demostraron que los bebés preferían ver los ros-
> tros atractivos, a los que dedicaron un 80% del tiempo, mientras
> que con los menos atractivos pasaron sólo un 20% del tiempo.
>
> Según los investigadores, la identificación se establece desde
> el nacimiento, y tal vez antes. El bebé llega al mundo con un sis-
> tema de percepción bastante desarrollado.

El bebé prefiere la belleza. Los resultados anteriores confirman los obtenidos en otra prueba, que demostraba que
unos bebés de cinco meses se inclinaban más por los rostros
de ojos grandes que por los de ojos pequeños (Geldart, Maurer y Carney, 1999).

---

1. Ver S. Ciccotti, *150 petites expériences de psychologie pour mieux comprendre nos semblables, op. cit.*, p. 68: «Pourquoi trovez-vous la poupée Bar-
bie si belle?», y pp. 146-147: «Les stéréotypes sur l'apparence physique».

¿Cuál es la razón que explica esta preferencia por la belleza? Según Slater, los rostros bellos son el prototipo real del rostro humano. Así, si se fusionan centenares de rostros, se consigue una estadística media de características faciales que resulta muy atractiva. Para el espíritu del bebé, los rostros bellos pueden representar el rostro humano esteriotipado. Y el hecho de que el bebé haya evolucionado para identificarlo, a pesar de su vista algo borrosa, indica que este modelo tal vez le sirva para identificar los rostros que ve en función de lo cerca que estén del citado prototipo, algo que puede hacer ya quince horas después de haber llegado al mundo.

Conclusión

La preferencia por la belleza es transcultural y transgeográfica. Efectivamente, cuando se muestran a un europeo los rostros de dos africanos, el que elige como más atractivo es el mismo que escogería un africano. Esta preferencia también rige cuando un africano tiene que elegir entre los rostros de dos europeos. Según los investigadores, aunque con el tiempo y la cultura cambien las normas de belleza facial, en realidad no varían tanto. Hay una norma biológica y universal de belleza. De modo que no vamos a culpar al padre de nuestro bebé cuando mira a una chica guapa, pues es su programa biológico el que se activa.

Por fin, y contrariamente a lo que afirmaba Oscar Wilde, la belleza no está en el ojo de quien la contempla, pues es innata en el bebé. Éste, como su papá, preferirá mirar a las guapas que a las feas. No obstante, sabemos que, para el bebé, su madre continuará siendo la mujer más guapa del mundo.

Para ir más lejos

GELDART, S.; MAURER, D.; CARNEY, K.: «Effects of Eye Size on Adults' Aesthetic Ratings of Faces and 5-Month-Olds' Looking Times», en *Perception*, 28, 361-374, 1999.

PASCALIS, O.; SLATER, A. (eds.): *Face Perception in Infancy and Early Childhood*, Nova Science Publishers, 2003.

SLATER, A.; VON DER SCHULENBURH, C.; BROWN, E.; BADE-NOCH, M.; BUTTERWORTH, G.; PARSONS, S.; SAMUELS, C.: «Newborn Infants Prefer Attractive Faces», en *Infant Behavior and Development* 21, 345-354, 1998.

SLATER, A.; QUINN, P.; HAYES, R.; BROWN, E.: «The Role of Facial Orientation in Newborn Infants' Preference for Attractive Faces», en *Developmental Science*, 3, 181-185, 2000.

Parte 7

El comportamiento del feto

49 El comportamiento del bebé en el vientre de la madre
La psicología del feto

¿Existe un acontecimiento más emocionante que el de ver aparecer al recién nacido? La comadrona coloca el bebé sobre el vientre de la madre tras envolverlo en una mantita. Al pequeño le cuesta abrir los ojos, pero enseguida mira fijamente a su madre. Observamos la escena y nos conmovemos. Pensamos que es el inicio de la vida: antes no existía nada y ahora todo empieza para el bebé.

En realidad, es un error concebir las cosas de esta manera. Hace muchos años que se estudia la psicología del feto y hoy en día podemos afirmar que prácticamente no existe diferencia entre un recién nacido en el momento del parto y un feto durante el mes anterior.

Antes de que la mujer sepa que está embarazada ha empezado ya a desarrollarse el cerebro del embrión. A las cinco semanas, se ha creado el córtex. A las nueve semanas, el embrión es capaz de doblar el cuerpo, puede tener ya hipo y reaccionar ante ruidos violentos. Durante la décima semana empieza a mover los brazos, a respirar el líquido amniótico, a abrir la boca, a desperezarse. A los tres meses de embarazo, el futuro bebé bosteza y chupa. Hacia los seis, ya oye y, finalmente, a los ocho puede ver.

En las pruebas que presentamos a continuación el lector descubrirá que el feto reconoce las cosas y que incluso es capaz de aprender.

Serge Ciccotti

50 ¿Al feto le gusta
Mujeres desesperadas?
El recuerdo de los bebés de
la música oída antes del nacimiento

Durante el embarazo, descansamos delante de la tele. Nos las prometemos felices, sobre todo porque es la hora de nuestro culebrón preferido. ¿Influirá su música en la conducta del bebé que llevamos dentro?

Una experiencia demuestra que sí.

Un psicólogo (Hepper, 1991) intentó valorar la capacidad del feto en cuanto a retención de la serie televisiva Vecinos. *Seleccionó, pues, a una serie de mujeres embarazadas fans de la serie y a otro grupo de madres que no la veían nunca. Se calculó que los fetos del primer grupo habían estado expuestos 360 veces a la sintonía de* Vecinos, *serie que las madres veían incluso dos veces al día.*

Hepper se cercioró de que la última vez que los bebés habían oído esta música estaban aún en el vientre de su madre y de que posteriormente habían dejado de oírla.

Cuando, entre dos y cuatro días después del nacimiento, puso la sintonía a los bebés, Hepper constató que los bebés Vecinos *no se comportaban igual que los que no habían seguido la serie en el seno de su madre. Su frecuencia cardíaca disminuía, dejaban de llorar cuando volvían la cabeza hacia el lugar del que procedía la música. También hacían menos movimientos corporales que aquellos cuyas madres no habían seguido el famoso progra-*

194

ma de televisión. La diferencia duró tres semanas tras el parto. En cambio, los bebés Vecinos no presentaron reacción alguna cuando se les hicieron escuchar otras sintonías de programas.

Por medio de ultrasonidos, Herpper descubrió también que los bebés se movían más en el interior del útero cuando oían una música ya conocida.

Estos resultados ponen de relieve que el feto puede aprender y memorizar músicas muy específicas y que puede valorarse, después del nacimiento, lo que ha aprendido en el seno de la madre.

Conclusión

Las pruebas demuestran que nuestro bebé conserva la memoria de los momentos musicales a los que se ha visto sometido antes de nacer y que tal vez, como nosotros, esté enganchado a nuestro culebrón preferido.

Para ir más lejos

HEPPER, P.G.: «An Examination of Fetal Learning Before and After Birth», en *The Irish Journal of Psychology*, 12, 95-107, 1991.

51 ¿Tenemos qué leer cuentos a nuestro vientre?
Reconocimiento del bebé de las historias que se le han leído antes del nacimiento

¿El bebé tiene recuerdos de las experiencias vividas antes del nacimiento?

Para saberlo, unos investigadores pidieron a 12 mujeres embarazadas que leyeran un pasaje de un cuento (*El gato en el sombrero*) dos veces al día al feto durante las seis últimas semanas de embarazo (De Casper y Spence, 1986).

A los dos o tres días del nacimiento, se hicieron unas pruebas a los recién nacidos sobre la capacidad de recuerdo de El gato en el sombrero. Se les hizo escuchar el cuento utilizando una variante[1] de la técnica de la succión no nutritiva, en la que se conecta un sensor a la tetina (ver página 216). Los investigadores se dieron cuenta de que los recién nacidos adaptaban la succión de forma que pudieran oír el pasaje que les había leído la madre durante las seis últimas semanas del embarazo y en cambio no lo hacían con otro pasaje que no habían oído anteriormente.

1. Se hace oír al recién nacido un estímulo cuando hace una pausa larga entre las succiones. Se le presenta otro estímulo en las pausas cortas. El bebé aprende con rapidez a adaptar su ritmo de succión en función de sus preferencias por un estímulo u otro: «si chupo lentamente, consigo esto, y si lo hago deprisa, obtengo lo otro».

> *Lo más sorprendente es que los bebés seguían prefiriendo el pasaje conocido, aunque no se lo leyera la madre, sino otra persona desconocida.*
>
> *Al parecer, reconocían la historia tal como se la leían y existía una «impregnación prenatal».*

Para eliminar cualquier duda, otros psicólogos quisieron ir más lejos (De Casper, Lecanuet, Busnel, Granier-Deferre y Maugeais, 1994).

> *Pusieron en marcha una nueva prueba, pero en esta ocasión con fetos de treinta y tres semanas. Pidieron a 28 futuras mamás que recitaran una poesía en voz alta tres veces al día durante cuatro semanas. Pasado este tiempo, se hizo escuchar a los bebés, por medio de un altavoz situado sobre el vientre de la madre, la poesía ya conocida y otra, las dos grabadas y leídas por una voz que el bebé desconocía. Se colocaron unos cascos en los oídos de la madre para que oyera música y quedara neutralizada cualquier posible interacción entre la madre y el feto. Se registraron las variaciones del ritmo cardíaco de éste frente a las dos poesías.*
>
> *Los resultados demostraron que el ritmo cardíaco del bebé disminuía cuando oía el poema conocido. No se registró variación alguna en el ritmo cuando leía la voz desconocida.*

De ahí deducimos que el feto entiende y reconoce el lenguaje percibido. Es incluso capaz de recordarlo (al menos hasta un cierto nivel). Podría decirse que le gusta lo que le resulta familiar, es algo que le calma.

Conclusión

Finalmente, como antes del nacimiento, el bebé no tiene mucho que hacer, escucha y al parecer aprecia los cuentos que se le explican, sobre todo los que ya conoce, como por otra parte ocurre con todos los niños.

Para ir más lejos

DE CASPER, A.J.; SPENCE, M.J.: «Prenatal Maternal Speech Influences Newborns' Perception of Speech Sounds», en *Infant Behavior and Development*, 9, 133-150, 1986.

DE CASPER, A.J.; LECANUET, J.-P.; BUSNEL, M.-C.; GRANIER-DEFERRE, C.; MAUGEAIS, R.: «Fetal Reactions to Recurrent Maternal Speech», en *Infant Behavior and Development*, 17, 159-164, 1994.

52 ¿El feto ya tiene su personalidad?
Actividad del feto y comportamiento en la infancia

No es ninguna novedad, todos los bebés son distintos, tanto en el campo de la actividad como en el del temperamento. Ahora bien, ¿existe algún vínculo entre la actividad motriz del feto en el útero de la madre y el comportamiento que se observa en él más tarde, en la infancia?

Es una pregunta que se formulan algunos investigadores al plantearse si determinados rasgos del carácter están ya presentes en el bebé antes de su nacimiento, cuando se encuentra en el útero de la madre.

> *Se llevaron a cabo una serie de estudios para valorar si la actividad del bebé antes del nacimiento proporcionaba indicios sobre el comportamiento y el temperamento del recién nacido, del bebé algo mayor o incluso del niño de dos años (Di Pietro, Bornstein, Costigan, Pressman, Hahn, Painter, Smith y Yi, 2002).*
>
> *Estos psicólogos tuvieron la idea de registrar el número y la amplitud de los movimientos a las veinticuatro, treinta y treinta y seis semanas de gestación en 52 fetos por medio de un doppler. Recogieron también datos sobre el comportamiento después del nacimiento (edad: dos semanas) y en los mismos niños a un año y dos años.*
>
> *Resultados: los fetos más activos en el útero materno solían ser críos más irritables que los demás, sobre todo en el caso de los niños.*

Conclusión

La actividad motriz fetal parece ser un indicador del temperamento que se revelará durante la infancia. Según Di Pietro, el comportamiento no empieza en el momento de nacer, sino mucho antes. El ritmo de la madre, su producción hormonal y, por encima de todo, su estrés tienen importantes consecuencias sobre la conducta del feto. Por otra parte, las madres que sufren más tensión suelen tener fetos más activos e hijos más irritables que los demás. Así pues, hay que sosegarse, respirar hondo y tranquilizarse.

Para ir más lejos

DI PIETRO, J.A.; BORNSTEIN, M.H.; COSTIGAN, K.; PRESSMAN, E.; HAHN, C.S.; PAINTER, K.; SMITH, B.; YI L.: «What Does Fetal Movement Predict about Behavior During the First Two Years of Life?», en *Developmental Psychobiology*, 40, 358-371, 2002.

53 ¿El bebé ya tiene una actividad sexual dentro del vientre?
Erecciones fetales *in útero*

No es la noticia bomba: para reproducirse, el hombre en general necesita la erección. Sin embargo, no siempre es el erotismo el que genera las erecciones, pues si bien algunas son diurnas y conscientes, otras se producen durante ciertas fases del sueño. Pero ¿y el feto? ¿Tiene éste también erecciones?

Por increíble que pueda resultar, la respuesta es positiva.

Al objeto de responder a la pregunta sobre si el feto tenía erecciones o no, unos médicos especializados en ecografía observaron en tiempo real el pene de 50 fetos de entre treinta y seis y trein-

ta y nueve semanas de gestación (Shirozu, Koyanagi, Takashima, Horimoto, Akazawa y Nakano, 1995).

Midieron la longitud del miembro durante los sesenta minutos del examen. Los investigadores observaron erecciones en el 22% de los fetos (21 milímetros de media por 16 de los demás). Resultados que indican que las erecciones fetales existen.

Con la certeza de que se producen una serie de erecciones durante el sueño paradójico,[1] otros investigadores intentaron investigar si las erecciones de los fetos eran nocturnas o diurnas (Koyanagi, Horimoto y Nakano, 1991).

El estudio se llevó a cabo con once fetos masculinos de entre treinta y seis y cuarenta y una semana de gestación. Los investigadores observaron durante los sesenta minutos que duró la ecografía si existía una simultaneidad entre los movimientos oculares rápidos (que indicaban sueño paradójico) y el crecimiento del pene. Por fin se constató que el 78% de la duración de las erecciones se había presentado durante el sueño paradójico. Por consiguiente, el feto tiene también erecciones nocturnas.

---

1. Existen distintas fases en el sueño: el sueño paradójico (REM: *Rapid Eye Movement Sleep*) y el sueño ligero y profundo de ondas lentas (NREM: *Non Rapid Eye Movement Sleep*). Se distingue el sueño paradójico (Jouvet, 1959) por la presencia de movimientos rápidos de los globos oculares. Se trata del período del sueño en el que se sueña. Durante el sueño paradójico desaparece del todo el tono muscular. El hombre presenta erecciones penianas y la mujer, erecciones clitorianas, así como un aflujo de sangre en la parte vaginal.

En 1995, en el seguimiento de una ecografía, dos médicos franceses observaron y tomaron fotos de un comportamiento realmente sorprendente, que duró dos minutos y veintitrés segundos, en un feto de cinco meses y medio: vieron que éste introducía lentamente el pene en su boca y lo retiraba de la misma forma. Unas imágenes curiosas que pueden verse en la revista *Contraception, Sexualité et Fertilité* (Broussin y Brenot, 1995).

> Los mismos investigadores preguntaron a 73 colegas si habían observado[2] una succión de la mano, del pie, del cordón umbilical, o bien contactos entre mano y sexo o entre boca y sexo. Después de la succión del pulgar o de la mano, los contactos que observaron en más ocasiones los profesionales de ecografías fueron los de mano y sexo. Informaron sobre contados casos de contacto oral-genital. Más del 60% de los médicos informó sobre contactos mano-genitales en fetos de ambos sexos.

Conclusión

Mucho antes de nacer, el bebé tiene erecciones. Los estudios demuestran también que existen muchos contactos entre sus manos y su sexo. Pero ¿puede hablarse de actividad sexual? A pesar de que no es algo inconcebible en un feto, hay que ser prudente en este campo. En efecto, para hablar de actividad sexual hace falta una cierta madurez del siste-

---

2. Nunca, a veces, a menudo, muy a menudo.

ma nervioso y también algo de intencionalidad. En realidad, se trataría más bien de comportamientos exploratorios del feto, que utiliza lo que tiene a disposición: la mano y la boca. En cuanto a los contactos boca-sexo, los investigadores recuerdan que la succión es una actividad de exploración que al parecer el feto desarrolla muy pronto y de forma poco selectiva.

Sin duda, los investigadores son unos observadores muy curiosos.

Para ir más lejos

BROUSSIN, B.; BRENOT, P.: «Does Fetal Sexuality Exist?», en *Contraception, Fertilité, Sexualité,* 23 (11), 696-698, 1995.

KOYANAGI, T.; HORIMOTO, N.; NAKANO, H.: «REM Sleep Determined Using in Utero Penile Tumescence in the Human Fetus at Term», en *Biology of the Neonate,* 60 (1), 30-35, 1991.

SHIROZU, H.; KOYANAGI, T.; TAKASHIMA, T.; HORIMOTO, N.; AKAZAWA, K.; NAKANO, H.: «Penile Tumescence in the Human Fetus at Term: A Preliminary Report», en *Early Human Development,* 41, 159-166, 1995.

Serge Ciccotti

54 Si tomamos muchos anises durante el embarazo, ¿le gustarán estos dulces al bebé?

Aprendizaje en el período prenatal en cuanto a sabores postnatales

A buen seguro el lector habrá oído frases como: «Es normal que a mi hijo le encante el azúcar, comí tantos caramelos y dulces cuando estaba embarazada...». Es algo que se da por sentado: muchas mujeres imaginan que lo que comen durante el embarazo puede influir en las predilecciones del bebé por ciertos alimentos.

¿Es eso cierto?

Participaron en un estudio (Mennella, Jagnow y Beauchamp, 2001) 46 mujeres embarazadas (de treinta y tres semanas de gestación). Todas tenían previsto dar el pecho a su hijo. Se repartió entre estas mujeres agua mineral y tetrabriks de zumo de zanahoria[1] congelada. Los investigadores organizaron tres grupos:

– pidieron a 16 de ellas que tomaran 300 mililitros de zumo de zanahoria cuatro días a la semana durante tres semanas consecutivas y durante los dos primeros meses de lactancia;

---

1. Se escogió la zanahoria por una serie de razones, en especial porque el sabor se transmite a la leche humana. Además, tiene un sabor muy característico.

204

- 17 mujeres tomaron el zumo de zanahoria durante el embarazo y agua durante los dos meses de la lactancia;
- otras 14 lo hicieron al revés (agua durante el embarazo y zumo de zanahoria después del parto);
- por fin, un último grupo (n = 14) sólo bebió agua antes y después del parto.

Evidentemente, las madres ignoraban las hipótesis de los investigadores, aunque sabían que participaban en un estudio sobre alimentación.

Un tiempo después,[2] las madres y sus hijos fueron al laboratorio. Se filmó a los bebés mientras sus madres los alimentaban. Les daban o bien cereales con agua (una parte de cereales por otra de agua) o cereales con zumo de zanahoria (una parte de cereales por otra de zumo de zanahoria). Tenían que darles la comida hasta que el pequeño la rechazara.

Luego los investigadores pidieron a las madres que valoraran en una escala de 1 (nada) a 9 (mucho) hasta qué punto al bebé le gustaban los cereales. Se evaluó también la cantidad de cereales consumida, pesando el plato antes y después de cada toma. Todo el alimento vertido en la bandeja o el babero se colocó de nuevo en el plato antes de pesarlo.

Los resultados demostraron que:

- los bebés que probaron la zanahoria durante el embarazo o la lactancia hicieron menos muecas al comer los cereales con

_____

2. Alrededor de cuatro semanas después de que las madres empezaran a completar la dieta de sus bebés con cereales, pero antes de introducirles alimentos y bebidas aromatizados con zanahoria.

sabor a zanahoria que aquellos cuyas madres no habían tomado zumo de zanahoria ni antes, ni después del parto;

Las madres de los que habían probado la zanahoria durante el embarazo intuyeron que a sus hijos les gustaban más los cereales con sabor a zanahoria (figura 16).

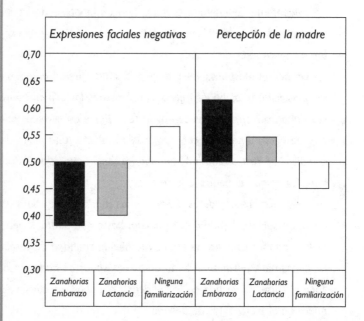

Figura 16. Medidas de expresiones faciales negativas frente a los cereales con zanahoria y valoración por parte de la madre del placer del bebé al tomar cereales con zanahoria

Se realizaron trabajos similares con 36 bebés de cuatro a seis meses para establecer si existía una diferencia entre los alimentados con leche de bote y los que tomaban leche materna (Sullivan, Birch, 1994). Los investigadores descubrieron que los pequeños alimentados con el pecho de la madre aceptaban con más rapidez que los demás una nueva verdura en cuanto se les presentaba. Esto se debería al hecho de que están expuestos a una gran variedad de sabores que les transmite la leche materna, mientras que los que toman leche preparada conocen un único sabor.

Por fin, y contrariamente a lo que se piensa normalmente, es casi seguro que al bebé le gusta el ajo. Cuando la madre toma cápsulas de ajo, el bebé mama durante más tiempo, contrariamente a los que se demostró haciendo ingerir a la madre un placebo. Al parecer, el sabor del ajo pasa a la leche de la madre, y no parece que sea algo que disguste a los pequeños (Mennella y Beauchamp, 1993).

Conclusión

Si nos gusta mucho el curry o el ajo podría ser que esta preferencia tuviera relación con el entorno en el que vivimos cuando aún estábamos en el vientre de nuestra madre. En efecto, los científicos saben que el líquido amniótico que rodea al bebé puede oler bastante a comino, a cebolla o a otras sustancias que tienen una relación directa con la dieta de la madre. Durante el tercer trimestre del embarazo, el feto toma hasta un litro de líquido diario; dicho líquido traslada los sabores de los alimentos de la madre hacia los receptores sensoriales del futuro bebé. Cuando la madre consume ciertos alimentos, pone al feto en contacto con un sabor que va a influir en la aceptación de algún producto cuando haya nacido. En la leche materna también estarán presentes los sabores de los alimentos. El mecanismo es, pues, idéntico durante la lactancia. No hará falta ingerir los alimentos en grandes cantidades, sino más bien con cierta regularidad. Los resultados de estos trabajos confirman la importancia de una dieta variada, tanto durante el embarazo como durante la lactancia.

Para saber más

MENNELLA, J.A.; BEAUCHAMP, G.K.: «The Effects of Repeated Exposure to Garlic-Flavored Milk on the Nursling's Behavior», en *Pediatric Research*, 3, 805-808, 1993.

MENNELLA, J.A.; JAGNOW, C.P.; BEAUCHAMP, G.K.: «Prenatal and Postnatal Flavor Learning by Human Infants», en *Pediatrics*, 107 (6), e88, 2001.

SULLIVAN, S.A.; BIRCH, L.L.: «Infant Dietary Experience and Acceptance of Solid Foods», en *Pediatrics*, 93 (2), 271-7, 1994.

55 Lo que comemos durante el embarazo, ¿influirá en el olfato del bebé?
Aprendizaje de los olores en el feto en función de la dieta de la madre

Acabamos de ver que el bebé sabe reconocer el sabor de un alimento que la madre ha ingerido durante el embarazo o la lactancia. Pero ¿y los olores?

Para llevar a cabo una prueba, Schaal y su equipo (2000) contaron con 12 madres que tenían por costumbre tomar alimentos o bebidas aromatizadas con infusión de anís (grupo A) y otras 12 que no tenían dicha costumbre (grupo NA). Todos los bebés de estas mujeres participaron en la prueba (14 niñas, 10 niños).

Quince días antes de la fecha prevista para el parto, los investigadores dieron a las «madres A» caramelos con sabor a anís, galletas también con este sabor y jarabe al anís. Se les había dicho que tomaran la cantidad que les apeteciera, sin cambiar sus hábitos. Durante el mismo período, el grupo NA no tomó ningún alimento aromatizado con anís. Las madres A dejaron de tomar anís unas horas antes del inicio del trabajo y no volvieron a consumirlo en el período postnatal, hasta que acabó la prueba.

Los psicólogos dieron a oler a los bebés dos tipos de aromas. Por un lado, acetol (anís) diluido a un 1% (concentración que se supone retenía el líquido amniótico), y por otro, aceite de petróleo. Se repitió dos veces la experiencia: ocho horas después del nacimiento (antes de la primera comida) y cuatro horas después. Se colocó un bastoncillo de algodón empapado con uno de los productos ante la nariz del bebé durante diez segundos y se realizó la misma operación con el otro producto al cabo de sesenta segundos.

Al cuarto día, las condiciones habían cambiado un poco. Se colocaron a un lado y otro de la cara del bebé dos gasas a una distancia de uno dos centímetros de la nariz. Una de ellas, empapada con anís y la otra, con aceite de petróleo. Un minuto después se cambiaron las gasas.

Los investigadores filmaron a los bebés para poder observar sus reacciones. Registraron conductas que consideraron reacciones ne-

gativas por parte del bebé,[1] es decir, indicios de aversión: fruncir el ceño, arrugar la nariz, levantar el labio superior, torcer las comisuras de los labios, bostezo y rotación de la cabeza. Las respuestas positivas, es decir, de atracción, que se registraron fueron las de chupar, lamer y masticar (ejemplo, ver fotos de la figura 17).

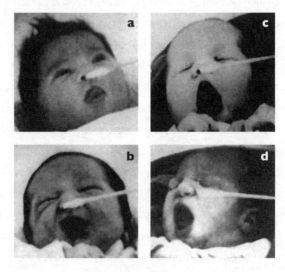

Figura 17
*a: Reacción positiva del bebé (abrir los ojos, lengua fuera, lamer).
b, c, d: Reacciones negativas (fruncir el ceño, arrugar la nariz, bostezos, bajar los párpados, volver la cabeza, cerrar los ojos).*

---

1. Los comportamientos considerados como reacciones de aversión los habían puesto anteriormente de relieve ya algunos psicólogos (por ejemplo, OSTER, H.; EKMAN, P.: *Facial Behavior in Child Development*, en COLLINS, A. (ed.): *Minnesota Symposium on Chile Psychology*, vol. 11. Lawrence Erlbaum, Hillsdale, Nueva Jersey, pp. 231-276, 1978, o bien ROSENSTEIN, D.; OSTER, H.: «Differential Facial Responses to Tour Basic Tastes in Newborns», en *Child Dev.*, 59, 1555-1568, 1988).

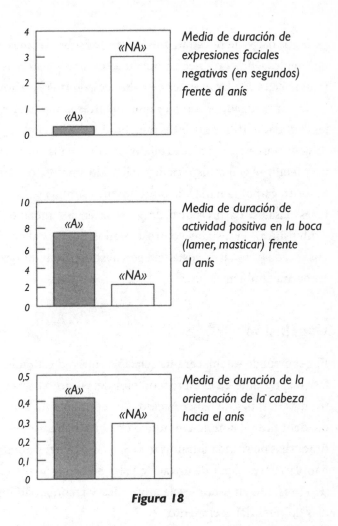

Figura 18

Los resultados demostraron que los bebés del grupo «NA» presentaban, frente al anís, más respuestas faciales negativas y de mayor duración que los del grupo «A» (ver figura 18). Estos últimos volvían más la cabeza hacia el anís, hacían el gesto de masticar y sacaban más la lengua que los que no habían estado expuestos al anís durante el embarazo de la madre (NA).

Estos datos demuestran que los efectos sobre la conducta atribuibles a una experiencia prenatal con anís pueden darse también cuatro días después de haber cesado la exposición.

Los investigadores opinan que mientras la madre come, las cantidades de los distintos metabolitos, incluyendo aquellos que poseen propiedades olfativas, pasan al plasma materno y fetal y se ven transportados al líquido amniótico. El feto se los traga por la nariz y la boca, lo que estimula sus receptores nasales. La presencia de glucosa en los metabolitos «intensifica» la sustancia olorosa predominante y al bebé le gusta cada vez más la sustancia en cuestión. Cuando nazca, apreciará también su olor.

Conclusión

El bebé puede establecer una relación entre un estímulo olfativo aprendido en el útero y un olor del entorno hasta cuatro días después de haber nacido. Por consiguiente, además de identificar el líquido amniótico que ha inhalado en los últimos días de su vida intrauterina (Schaal, Marlier y Soussignan, 1998), es capaz de extraer y aislar un componente olfativo presente en esta mezcla amniótica y reconocerlo unos días después del nacimiento.

Distintos estudios realizados con otras especies animales han demostrado que tal efecto persistía hasta el destete (Bilkó, Altbäcker y Hudson, 1994). Aunque esto no se haya hecho aún patente en el hombre, podemos establecer la hipótesis de que la aceptación de alimentos nuevos puede estar influenciada por los olores que ha percibido el feto antes de nacer. Sería importante, pues, diversificar al máximo los alimentos durante el embarazo.

Para saber más

BILKÓ, A.; ALTBÄCKER, V.; HUDSON, R.: «Transmission of Food Preference in the Rabbit: The Means of Information Transfer», en *Physiology and Behavior*, 56, 907-912, 1994.

SCHAAL, B.; MARLIER, L.; SOUSSIGNAN, R.: «Human Foetuses Learn Odours from their Pregnant Mother's Diet», en *Chem. Senses*, 25, 729-737, 2000.

SCHAAL, B.; MARLIER, L.; SOUSSIGNAN, R.: «Olfactory Function in the Human Fetus: Evidence from Selective Neonatal Responsiveness to the Odor of Amniotic Fluid», en *Behav. Neurosci.*, 112, 1438-1449, 1998.

Conclusión

Para terminar, el nacimiento es un acontecimiento insignificante en el desarrollo del bebé. Es el mismo bebé tres horas antes que tres horas después. Por otra parte, prácticamente no existe diferencia entre el recién nacido y el feto un mes antes del parto. El bebé prematuro responde y se adapta al entorno igual que el que nace a los nueve meses. Los que no consideran que el nacimiento sea algo sin importancia son, por supuesto, los padres que llevan nueve meses esperando (a veces más) y que saben que por fin podrán ver y mimar a su bebé.

De todas formas, hay que precisar algo: a pesar de que el feto sea sensible a determinados estímulos, ello no significa que deba convertirse en el blanco de todos los esfuerzos de los futuros padres por acelerar su desarrollo. En efecto, algunos autores sugieren que se estimule al feto a intervalos regulares hablándole a través de un tubo de papel, silbándole melodías clásicas o colocando una luz parpadeante sobre el vientre de la madre. No tenemos toda la certeza de que estos estímulos sean beneficiosos. Por otro lado, ninguna investigación ha demostrado que los fetos estimulados fueran luego bebés más listos.

Además, al no poder saber en qué momento duerme el feto y cuando está despierto, si ponemos altavoces sobre el vientre de la madre podemos alterarle su ritmo de sueño. ¿Alguien mecería o zarandearía a un bebé en su cuna? ¿Le pondríamos altavoces cerca del oído cuando duerme? Nadie. ¿Por qué hacerlo, entonces, con el feto?

Ahora bien, los psicólogos opinan que no se corre ningún riesgo si se habla con suavidad al feto, al contrario, es algo que puede prepararnos para convertirnos en padres.

Para ir más lejos

DI PIETRO J. A.: «Baby and the Brain: Advances in Child Development», en *Annual Review of Public Health*, 21, 455-471, 2000.

KISILEVSKY B.S.; LOW J. A.: «Human Fetal Behavior: 100 Years of Study», en *Developmental Review*, 18, 1-29, 1998.

Dos técnicas experimentales

Los procedimientos que presentamos a continuación se utilizan a menudo par analizar las preferencias del bebé o para saber si éste sabe diferenciar entre dos estímulos.

Succión no nutritiva (*high amplitude succion*)

El bebé se encuentra en una trona con la tetina en la boca. Ésta está conectada a un aparato que permite determinar la amplitud de sus succiones. Se lleva a cabo una medición durante dos minutos para determinar lo que los investigadores denominan la *línea de base* (una especie de media). En una segunda ocasión, en cuanto el bebé efectúa una succión algo más fuerte, es decir, supera la línea de base, se activa un estímulo sonoro, la *fase de familiarización*. El bebé asocia rápidamente succión más fuerte con inicio del estímulo. Aprende a accionar el estímulo sonoro. Y ya que al bebé en general le gusta la novedad y el estímulo, chupará con mayor intensidad. Al cabo de un tiempo, se cansa del sonido y desciende su ritmo de succión.

Entonces es cuando los investigadores inician verdaderamente la experiencia. Se cambia el tipo de estimulación sonora. Ello quiere decir que el nuevo sonido, desencadenado por una succión algo más intensa, es distinto a los que el bebé ha oído antes (es decir, en la fase de familiarización). Suponiendo que el nuevo sonido despierte su interés, el bebé succionará con más ahínco para accionar este nuevo estímulo. Ahora bien, si no ha diferenciado entre el sonido de la fase de estimulación y el nuevo sonido, no aumentará la amplitud de la succión.

Procedimiento de rotación de la cabeza (*head-turn procedure*)

Se utiliza este artificio experimental con bebés de cuatro a veinticuatro meses (y principalmente de seis a nueve meses) para establecer su capacidad a la hora de diferenciar sonidos (por ejemplo, la voz de la madre frente a la voz de un desconocido, palabra frente a no palabra). La experiencia se lleva a cabo en una cabina (ver figura 19). Se coloca al pequeño en el regazo de la madre (o del padre), quien lleva cascos a través de los que oye música, a fin de que no esté pendiente de los estímulos sonoros y no influya al bebé. En la pared situada frente a éste, se enciende una luz verde. Empieza el experimento cuando el pequeño fija su vista en ella. Se apaga la

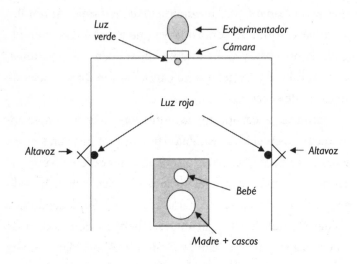

Figura 19

bombilla y empieza a parpadear una lucecita roja o en la pared de la derecha o en la de la izquierda del bebé, ambas a la altura de su rostro. Detrás de cada una de estas luces hay un altavoz. Cuando el bebé ha efectuado un movimiento de rotación con la cabeza de unos treinta grados en dirección hacia la luz que parpadea, un observador (escondido) acciona un estímulo sonoro que se difunde por el altavoz situado bajo la bombilla. Cuando el bebé aparta la vista de la luz durante dos segundos consecutivos, se detiene el estímulo. Entonces puede calcularse el tiempo que ha pasado el bebé contemplando la bombilla (el tiempo durante el que ha estado «escuchando»). Luego se ilumina de nuevo la luz central y empieza una segunda prueba.

Interpretación: si el bebé mira más tiempo en un sentido que en otro se considera que establece la diferencia entre los distintos sonidos (o palabras o músicas) y que prefiere aquel en el que ha pasado más tiempo. El bebé mira más rato lo que le resulta nuevo o raro.

Primera utilización: HIRSH-PASEK, K.; KEMLER NELSON, D.G.; JUSCZYK, P.W.; CASSIDY, K.W.; DRUSS, B.; KENNEDY L.: «Clauses Are Perceptual Units for Infants», en *Cognition*, 26, 269-286, 1987.

Para ir más lejos

Algunas obras para profundizar en el lenguaje

DE BOYSSON-BARDIES, B.; *Comment la parole vient aux enfants: de la naissance jusqu'à deux ans,* París, Odile Jacob, 2005.

Para profundizar el desarrollo de la inteligencia de la percepción

LÉCUYER, R. (dir.): *Le développement du nourrisson,* París, Dunod Éditeur, 2004.
LÉCUYER, R.: *La inteligencia de los bebés en 40 preguntas,* Ediciones Mensajero.
SIEGLER, R.S.: *Le développement cognitif de l'enfant,* París, De Boeck, 2000.

Para profundizar sobre la motricidad

Rivière, J. (dir.): *Le développement psychomoteur du jeune enfant. Idées neuves et approches actuelles,* Édition Solal, 2000.

Aproximación antropológica

MORRIS, DESMOND: *Le bébé révélé*, París, Calmann-Lévy, 1994.

Para profundizar sobre la visión del niño

GREGORY, R.L.: *L'oeil et le cerveau: la psychologic de la vision*, París, De Boeck, 2000.

Para profundizar en el campo de la audición

DELAROCHE, M.: *Audiométrie comportementale du très jeune enfant. Enjeux et modalités*, París, De Boeck, 2000.

Sitios en internet

- Laboratorio de Cognición y desarrollo de la universidad Paris 5-René Descartes y de CNRS:
  http://www.psycho.umv-paris5.fr/recherch/labo_cog/LCD/mdex.htm
- Recursos de la universidad canadiense Atha-basca, con enlaces:
  http://psych.athabascau.ca/html/aupr/developmental.shtmlftChild
- Página web sobre el bebé antes del nacimiento. Bellas imágenes sobre el feto:
  http://www.wprc.org/fetal.phtml

Índice de autores citados

Aguiar, A., 159, 161
Ahluwalia, J., 120, 121
Akazawa, K., 201, 203
Aksan, N., 122, 126
Ames, E.W., 81, 83
Aslin, R.N., 33, 41, 58, 61, 81, 83

Baillargeon, R., 149, 151, 159, 161
Bandura, A., 125, 126
Baron-Cohen, S., 120, 121
Batki, A., 120, 121
Beauchamp, G.K., 95, 97, 204, 207, 208
Behne, T., 155, 157
Behrman, J.R., 52, 54
Berenbaum, S.A., 119, 121
Birch, L.L., 206, 208
Blass, E.M., 152, 153
Boike, K., 75, 80
Bornstein, M.H., 199, 200
Bosch, L., 171, 172
Brenot, P., 202, 203
Bridger, W.H., 82, 83
Bronner, R., 26, 29
Brooks, R., 126, 130
Broussin, B., 202, 203
Buquet, C., 61, 62
Busnel, M.-C., 197, 198

Call, J., 155, 157
Campbell, A., 118, 121
Campos, J.J., 36, 37, 133, 135
Carney, K., 187, 189
Carpenter, M, 155, 157
Cassidy, K.W., 219
Cecchini, M., 64, 65
Cernoch, J.M, 28, 29, 100, 103
Charlier, J., 61, 62
Cheney, D.L., 86
Chong, S.C.F., 33, 37
Cohen, C., 117
Cohen, D., 140, 141
Condry, J., 20, 22
Condry, S., 20, 22
Connellan, J., 120, 121

Cooper, R.P., 33, 37, 72, 74, 170, 172
Costigan, K., 50, 52, 199, 200
Cotman, C., 153
Courage, M.L., 68, 70
Cowart, B.J., 95, 97
Culee, C., 60, 62

Darley, J.M., 20, 22
De Boysson-Bardies, B., 173, 174, 219
De Casper, A.J., 71, 72, 74, 196, 197, 198
Dehaene-Lambertz, G., 170, 171, 172
Desmidt, C., 62
Di Pietro, J.A., 50, 52, 199, 200, 216
Dondi, M., 142, 143
Dowling, K., 60, 62
Druss, B., 219
Dubin, R., 42, 43
Durand, C., 173, 174
Dziurawiec, S., 63, 65

Edison, S.C., 68, 70
Eichmann, A., 49, 52
Eidelman, A.I., 26, 27, 29, 31, 32
Ellis, H.D., 63, 65
Emde, R.N., 36, 37, 45, 48, 133, 135

Fagot, B., 119, 121
Falk, D., 86, 87
Fernald, A., 33, 37, 136, 138
Field, T.M., 62, 117, 140, 141
Fifer, W.P., 71, 74, 170, 172
Forman, D.R., 122, 126
Freud, A., 109, 111

Ganchrow, J.R., 97, 152, 153
Geldart, S., 187, 189
Gentaz, E., 107, 108, 162, 164
Good, A., 27, 29, 31, 32
Goren, C.C., 63, 65
Gottfried, A.W., 81, 83
Granier-Deferre, C., 197, 198
Greenberg, R., 117, 140, 141
Gross, P.H., 20, 22

Serge Ciccotti

Hahn, C.S., 199, 200
Hains, S.M.J., 72, 74
Halle, D., 173, 174
Hepper, P.G., 194, 195
Hespos, S.J., 109, 111, 149, 151
Heywood, C., 118, 121
Hill, E.A., 38, 41
Hirsh-Pasek, K., 219
Hirshberg, L.M., 134, 135
Hoffman, M.L., 142, 143
Hohne, E., 82, 175, 177, 178
Horimoto, N., 201, 203
Houston, D.M., 170, 171, 172, 184
Howe, M.L., 68, 70
Huang, H., 72, 74
Hunter, M.A., 81, 83

Iglesias, J., 140, 141
Itano, A., 153
Izard, C.E., 37, 139

Jagnow, C.P., 204, 208
Jeannerod, M., 117
Johnson, M.H., 63, 65, 184
Jusczyk, P.W., 175, 177-180, 182, 184-186, 219

Kagan, J., 82, 83, 145
Kaitz, M., 26, 27, 29-32
Kemler Nelson, D.G., 219
Kennedy, L., 219
Kisilevsky, B.S., 72, 74, 216
Klinnert, M.D., 36, 37, 133, 135
Kochanska, G., 122, 126
Koester, L.S., 36, 37
Kohler, H.P., 52, 54
Koyanagi, T., 201, 203
Kremenitzer, J.P., 60, 62
Kugiumutzakis, G., 116, 117
Kurtzberg, D., 60, 62

LaBarbera, J.D., 139
Lai, C., 64, 65
Lalonde, C.E., 167, 169
Langher, L., 64, 65
Lapidot, P., 26, 29
Lecanuet, J.-P., 197, 198
Lee, K., 72, 74
Leinbach, M., 119, 121

Leon, M., 153
Leyens, J.-D., 21, 22
Loeches, A., 140, 141
Loman, M.M., 80, 83
Lott, Z., 153
Lutchmaya, S., 121

MacFarland, A., 99, 103
Malher, 109
Mandel, D.R., 185, 186
Margozzi, B., 64, 65
Marlier, L., 98, 99, 212, 213
Masataka, N., 89, 90
Maugeais, R., 197, 198
Maurer, D., 187, 189
McLeod, P.J., 33, 37
Melloy-Carminar, P., 81, 83
Meltzoff, A.N., 115, 116, 118, 126, 130
Mendoza, R., 153
Mennella, J.A., 204, 207, 208
Moon, C., 170, 172
Moore, M.K., 115, 116, 118
Moran, M., 95, 97
Morton, J., 63, 65
Mumme, D.L., 136, 138

Nakano, H., 201, 203
Nakata, T., 91, 93
Nawrot, E., 144, 145
Newman, R.S., 77, 80

O'Neill, C.T., 92, 93
O'Toole, R., 42, 43
Oster, H., 94, 97, 210

Painter, K., 199, 200
Papousek, H., 36, 37
Papousek, M., 36, 37
Parisi, S.A., 139
Parke, R.D., 31, 32
Payne, T., 153
Pêcheux, M.G., 46, 48
Pegg, J.E., 33, 37
Perry, P., 50, 52
Piaget, J., 158, 161
Pick, A.D., 140, 141, 145
Pisoni, D.B., 185, 186
Platek, S.M., 23, 24, 25
Porter, R.H., 28, 29, 100, 102, 103

222

Índice de autores citados

Prescott, P., 72, 74
Pressman, E., 199, 200

Querleu, D., 61, 62

Reed, C.L., 66, 67
Rieser, I., 104, 106
Riksen-Walraven, J.M., 46, 47, 48
Robertson, R.R.W., 80, 83
Rochat, P., 109, 110, 111
Rokem, A.M., 27, 29, 31, 32
Rose, S.A., 81, 83
Rosenstein, D., 94, 97, 210
Roucoux, A., 60, 62
Roucoux, M., 60, 62

Saffran, J.R., 38, 41, 80, 83
Sagart, L., 173, 174
Sagi, A., 142, 143
Sandstrom, D.J., 59, 62
Sarty, M., 63, 65
Schaal, B., 98, 99, 209, 212, 213
Schadron, G., 21, 22
Schubert, M.T., 95, 97
Schwartz, T.L., 59, 62
Sebastian-Galles, N., 171, 172
Serrano, J.M., 140, 141
Seyfarth, R.M., 86
Shenfield, T., 93
Shirley, L., 118, 121
Shirozu, H., 201, 203
Simbrunger, G., 95, 97
Simion, F., 63, 65, 143
Simner, M.L., 142, 143
Simon, T., 33, 37, 65
Skytthe, A., 52, 54
Slater, A., 187, 188, 189
Slaughter, V., 66, 67
Smith, B., 199, 200
Snyder, E., 119, 121
Soken, N.H., 140, 141, 145
Sorce, J.F., 36, 37, 45, 48, 133, 135
Spence, M.J., 196, 198
Spitz, R.A., 109, 111

Steiner, J.E., 95, 97, 105, 106, 152, 153
Stone, V.E., 66, 67
Streri, A., 107, 108, 162, 164
Striano, T., 84, 87
Sullivan, R.M., 101, 103, 153
Sullivan, S.A., 206, 208
Svejda, M., 134, 135

Taborsky-Barba, S., 153
Taeschner, T., 64, 65
Takashima, T., 201, 203
Tatzer, E., 95, 97
Thiessen, E.D., 38, 40, 41
Timischl, W., 95, 97
Tincoff, R., 179, 180, 182, 184
Tomasello, M., 155, 157
Toubas, P., 101, 103
Trainor, 87, 88
Trainor, L.J., 82, 83, 92, 93
Trehub, S.E., 91, 92, 93
Tsang, C., 82, 83

Umilta, C., 63, 65

Vaish, A., 84, 87
Valenza, E., 63, 65
Van Hof-Van Duin, J., 59, 62
Vaughan, H.G., 60, 62
Vietze, P., 139

Walker-Andrews, A.S., 141
Wang, Z., 72, 74
Ward, C.D., 72, 74
Werker, J.F., 33, 37, 167, 169

Xie, X, 72, 74

Ye, H.H., 72, 74
Yi, L., 199, 200
Yonas, A., 104, 106
Yzerbyt, V., 21, 22

Zentner, M.R., 82, 83, 145
Zhang, K., 72, 74

Otros títulos en esta colección:

Los 100 primeros días del bebé
Véronique Mahé

¡Al nacer el primer bebé hay razones para sentirse perdida y desorientada! Nada es «natural»: la lactancia, cómo preparar el biberón, por qué el bebé llora tanto... En este libro podrás seguir, día a día, la experiencia de una mamá primeriza, acompañada de consejos médicos, trucos prácticos, juegos para el bebé e informaciones útiles para aprovechar al máximo los 100 primeros días, tan importantes para el pequeño... como para sus padres.

Bebés para principiantes
Roni Jay

Bebés para principiantes no trata los aspectos superficiales, sino que se centra en las cuestiones fundamentales: el nacimiento, la lactancia, cómo dormir al bebé, cómo introducir por etapas los distintos alimentos, etc.

El libro ideal para madres y padres principiantes que no tienen muy claro si su hijo llora porque tiene hambre, cólicos, o el pañal repleto.

Papá a bordo
Stephen Giles

El nacimiento de un hijo os cambiará la vida. Claro que es fantástico, pero... al principio no sabemos cómo enfrentarnos a la nueva situación. La vida aparece de repente repleta de cosas por aprender y retos por superar.

Gracias a Stephen Giles, al final del primer año seréis capaces de cambiar el pañal hasta dormidos (en caso, claro está, de que logréis dormir) y, más importante aún, dominaréis el arte de ser un buen padre.